2016 年，知了与约翰·格雷博士在北京

知了在录制《知了说》幸福音频节目

知了在褚橙庄园

知了与褚时健夫人马静芬奶奶、“航油大王”
陈九霖等一行在褚橙庄园

知了与马静芬奶奶一起参加庆祝
中国共产党成立100周年活动

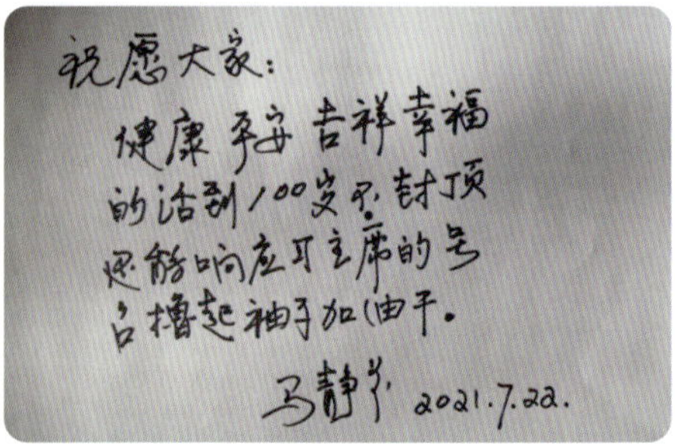

马静芬奶奶写给《幸福心经》读者们的祝福

知了坐轮椅参加乐行中国第九届重走玄奘西行路戈壁徒步挑战赛

知了与罗格朗集团董事长、乐行中国赛事主席张相永在敦煌戈壁

知了与乐行中国创始人逍遥子和联合创始人刘雅琼在敦煌戈壁

知了到达敦煌戈壁好汉坡

知了参加“爱我中华·轮椅黄山行”活动，在志愿者们的协助下坐轮椅登上黄山

“把日子过成诗”幸福沙龙（目前已举办200多期）

幸福心经

我和约翰·格雷有个约会

知了 著

中国妇女出版社

图书在版编目（CIP）数据

幸福心经 ：我和约翰·格雷有个约会 / 知了著. -- 北京 ：中国妇女出版社，2021.8
ISBN 978-7-5127-2013-8

Ⅰ. ①幸… Ⅱ. ①知… Ⅲ. ①幸福－通俗读物 Ⅳ. ①B82-49

中国版本图书馆CIP数据核字(2021)第132745号

幸福心经——我和约翰·格雷有个约会

作　　者：知　了　著
策　　划：王晓宁
责任编辑：应　莹　闫丽春
封面设计：奥视读乐
责任印制：王卫东
出版发行：中国妇女出版社
地　　址：北京市东城区史家胡同甲24号　　邮政编码：100010
电　　话：（010）65133160（发行部）　　65133161（邮购）
网　　址：www.womenbooks.cn
法律顾问：北京市道可特律师事务所
经　　销：各地新华书店
印　　刷：嘉业印刷（天津）有限公司
开　　本：170×240　1/16
印　　张：18.75
字　　数：257千字
版　　次：2021年8月第1版
印　　次：2021年8月第1次
书　　号：ISBN 978-7-5127-2013-8
定　　价：69.90元

推荐序一

一位充满爱与智慧的女性

约翰·格雷

我是约翰·格雷,《男人来自火星，女人来自金星》的作者。《男人来自火星，女人来自金星》是一本常居全球畅销榜的关于两性关系的畅销书，能帮助人拥有和谐的两性关系和幸福的家庭。我曾在全世界授课。我几乎在所有的国家培训“人生教练”，知了是我的亚洲首席“人生教练”。她心胸宽广，视野很开阔，是一个有着极强能量的女性。虽然她坐在轮椅上，但是她传递出了一种极强的生命能量的状态。我们许多人有时候会看不到自己的方向，需要身边的人来提醒我们是谁，知了是全世界少有的几个能懂我的人之一，她能看到我的优点，发掘我的优点，她彻底地认同了我、接纳了我。我想说，她对我的认同也是对她自身的认同，她能看到我内心的爱，其实她对我的爱也是对她自己的爱。中国有许多人都需要这样的智慧，他们更需要知了的智慧、知了的分享。我一定会支持她的梦想，我也会支持她的使命，她的梦想也是我的梦想。因为世界不快乐，我也不快乐；世界不幸福，我也不幸福。

我相信你们会从知了的身上，会从她的书中找到她给你们带来的享用终生的礼物，得以开创一个全新的充满爱和成就的人生，让心扉比以往更完美地敞开，可以更清晰地看待各种事物。每天都会有新的领悟和发现，使得你们最终认识到你们的另一半就是自己的灵魂伴侣，使你们懂得感受家庭的温情。

你们会看到一些可能与你们的境遇并不全然相同的案例，但还是会从中获得启示。有机会也去听听知了的现场演讲，她精彩灿烂的生命状态会让你们体会到一种更深层次的纯净和价值感，摈弃“我必须要完美才值得其他人来爱”的念头，最终可以清晰地判断出“对他人的需求有责任感”和“对他人有责任感”的区别，其实你们的收获还远不止如此。

知了是一位充满灵性的女性，她曾去过中国四十多个城市，传播如何让婚姻幸福、让人生富裕的智慧。她自身就是一个范例，她是爱与智慧的化身。她可以传授你们这些智慧和能量，她可以帮助妻子理解丈夫，帮助女性理解男性，帮助女性得到她们所需要的爱，她们值得拥有爱。同样，她也可以帮助男性理解女性，男性往往不怎么理解女性。她可以教男性明白这些：女人是这么思考的；这是女性所需要的；就是这样可以让女性快乐。如果你们明白了这些，事情就不会那么难。

如果你们要从甲地去到乙地，可你们却没有地图，你们可能会迷路。你们一生都会处于挣扎之中，竭尽全力地去寻找爱、寻找幸福、寻找富裕。但是，如果你们手中有张地图，或者有本指南书，让它来指导你们，你们就可能取得成功。“人生教练”知了可以为你们提供那张旅行指南。我写了《男人来自火星，女人来自金星》，它是一本全球畅销书，但是，“人生教练”知了却写了一本中文的“关系指南”，是的，就是现在你们正在读的这本书，它的名字叫《幸福心经——我和约翰·格雷有个约会》。它融合了《男人来自火星，女人来自金星》的内容，致力于帮助改善你们的两性关系，增加你们的人生财富。因为她是中国人，她比我更明白中国人的需求，所以，她会做得更好。因此，知了和我一起在中国讲授《男人来自火星，女人来自金星》的内容。现在，她的这本新书以更恰当的方式分享了那些信息。她还会（和你们）分享许多课程视频，其中都是我讲课的内容。我非常感谢她所做的一切工作。她一直鼓励着我为这个世界的更加美好而努力。我知道，你们也会享有与她一样的人生幸福，也将会和我一样对她充满感激之情。谢谢你们。

约翰·格雷，全球著名两性关系大师及情绪管理专家，曾著《男人来自火星，女人来自金星》。该书一经出版，立刻轰动了世界。全球累计销量十分可观，改善了数十亿男女情感和生命关系的品质，被公认为保持美满婚姻关系的权威指南，荣登美国哈佛大学教材榜。约翰·格雷曾经四次来到中国，每一次都受到热烈欢迎，在中国拥有众多的粉丝和受益者。他很向往古老的东方智慧，每一次到中国演讲都带着对中国人民深深的热爱，他相信中国会成为世界上更和谐、更幸福的国度。

推荐序二

知心了惑，爱与幸福

——贺知了《幸福心经》再版

陆正之

六年前，我转行从事公益，每天有各种想法需要力行，整日风尘仆仆。一则以职业为善，不愿落在诸善之后；二则唯恐好事做晚了，留下缺憾。因此劳心劳力，不时慨叹难以兼顾家人朋友。当此之际，我的同乡、同窗陈九霖先生向我介绍知了女士的感人事迹，使我对这位荆楚奇女子心生敬慕。自此，我从媒体上不时关注她的动态，对她的敬重与日俱增。

2020 年新冠肺炎疫情期间，身在武汉的知了女士事业受到严重冲击。然而，她并没有怨天尤人，而是奋力拓展业务，她用坚忠写下了一个大女子的豪气干云。媒体争相采访她的事迹，令人慨叹的是，她婉谢了诸多美意。她坚称：“我还没做出骄人的业绩，我要做得更好后，再讲我的故事。”

面对市场竞争、资讯爆炸，人们何以抵御世道的变化、人心的离散？这是时代之问、万众之问。知了女士的答案要言不烦、直抵人心，是治愈人们的良方。我因之更加相信爱的力量，更加关爱家人、宽容他人、珍爱自己，不需要理由。因为爱，所以爱。

恰逢知了女士的《幸福心经》再版在即，这是一件值得庆贺的好事。知了女士的著作给了读者致真知、解心惑的密钥。我读了《幸福心经》之后，深知面对当下的纷乱，最应留意的是心乱。明智的人们应找回初心，知止、知定、知静、知安。

这本书是用心、用情、用智写出来的。我衷心希望更多的人能从这本书中获益，收获幸福的人生。

最后，特以四句小诗作为结语：

知心最是楚音真，
了惑频劳细语温。
幸有时风春讯暖，
福临美善及千门。

（陆正之，知名诗人，专栏作家）

推荐序三

幸福是人类的终极意义

张相永

作为一名民营企业家，能为《幸福心经》这本书作序推荐我感到很荣幸。我和本书作者知了相识于“乐行中国”——第九届重走玄奘西行路戈壁徒步挑战赛。那次赛事历时四天三夜，身坐轮椅的知了与三百多位企业家不畏艰险、不惧挑战，以顽强不屈的毅力战胜了一百零八公里的徒步挑战。途中，我曾陪伴知了在戈壁同行了一段路程，深深被她坚忍不拔的意志与乐观向上的品性所折服。在交流中，知了提及她的著作《幸福心经》即将再版，我有幸阅览了再版的全稿，并从中感到知了是一位充满爱与灵性的励志女性——有家国情怀、有使命感、有正能量、有勇气、有智慧，不愧是约翰·格雷的高徒。

在我看来，《幸福心经》不仅是一部经营婚姻关系的幸福指南，更是传递真善美与缔造幸福美好的修行之道。我极其认同知了在书中所倡导的幸福理念与价值观。幸福是拥有持续不断的成长与给予爱的能力，唯有幸福才能赋予财富与成功真正的意义与价值。

在细品字里行间的深刻寓意时，我情不自禁地回顾自己经营企业二十六载的心路历程。回首过往，我时常扪心自问：“我创办企业的终极目的究竟是什么？究竟什么样的企业才称得上好的企业？”时至今日，我愈发清楚自己的使命与愿景——要把自己的企业经营成幸福的企业！因为我笃信，幸福力才是企业在未来激烈竞争中立于不败之地的核心竞争力。

幸福，在很多人眼中是一个奢侈的代名词。而幸福企业在绝大多数人心中也是可望而不可即的。经济学理论认为，企业的唯一目标是追求利润最大化、创造更多的财富。但我认为，一个单单以利润最大化为唯一目标的企业一定无法长久不衰。因为企业最宝贵的资产乃是人——企业即人，无人则止；企业即家，无家则终。企业虽然是一个以追求高额利润为目标的社会载体，但它更是一个需要为员工提供幸福感与荣誉感的大家庭。因此，为员工营造幸福的工作氛围、提升企业的幸福力，就是在不断增强企业的凝聚力和向心力，是在累积企业可持续发展的软实力，也是在提升企业的核心竞争力。至此，我愈发清楚自己经营企业的终极目的就是打造幸福的企业。用爱的智慧滋养广大员工的心灵，是柔性管理和人本管理的根本；为员工营造一个有爱、有温度的幸福家园，是我一生的追求与梦想。

无论我们身兼几种身份，或父母，或夫妻，或儿女，或其他社会角色，我们的内心都在不断寻求生命的意义与幸福之道。幸福生活有四个心理维度：第一，爱的感觉和感受，爱是人类最高级的情感；第二，光有爱仍不完整，幸福生活一定要活出愉悦的感觉；第三，人类普世的幸福生活需要活出价值感；第四，幸福生活要活出意义。

相信本书的再版，必定会给更多读者、更多家庭带去经营幸福婚姻、幸福人生、幸福家园的智慧之道。

衷心地祈愿每一个人、每一个家庭、每一家企业都能从《幸福心经》中收获满满的爱与稳稳的幸福。

（张相永，罗格朗集团有限公司、浙江创奇科技有限公司董事长兼总裁）

推荐序四

大爱无疆，一场修行一场暖

梦雨

不知是大地的哪一次颤动，夏蝉蜂鸣的广袤平原，诞生了你这个精灵。你用第一声坚强的啼哭，让人们在寒冬中记住了你的名字——知了！你踏着寒风弥漫的路盈盈而来，只知道无私地释放自己最初的纯情，来不及介绍自己的冰清玉洁，便使爱之灵魂在你的智慧里孕育！与你同行，天空才不会总是凄迷，静候着你的到来，倾心聆听门外的每一点声响，都疑心是你的纤足姗姗。

岁末飞寒，浅浅的流风里，欣喜地看到了你的力作《幸福心经——我和约翰·格雷有个约会》。你为家庭、社会的和谐幸福及时推波助澜，凭借一种精神、一种感觉在奔走、在疯长、在纷飞，你是曼妙而来的灵魂歌者！

我们由衷地相信，真诚的你手持火炬就能点燃太阳，渐出渐入在历史与现实的走廊，用你执着的灵光定格在美好梦想上。你把幸福的目光射向远天，正如阳光，谁的手能把它遮住！品读你的《幸福心经》，无疑是在体味一抹流年里的暖。其实幸福是经营出来的，别人摘给你的果子，只能甜一次，自己有本事摘到果子，才能甜一辈子。找上门的幸福不长久，可能它认错了门。真正长久的幸福要靠自己经营。经营在哪里，收获在哪里。持久的幸福感，要靠经营一颗宁静、稳重、忍耐、淡然而平和的心。

生活中，痛苦不一定是人生旅途必经的驿站。但是请相信，经过严酷的冬天，下一站春天便会抵达。流星是绚丽和燃烧，即使短暂；恒星是宁静和照亮，即使永恒，都是一生。要明白，没有一份爱是完美的，也没有一份感情是毫无瑕疵的。爱情和爱人，是两个不同的命题，爱情务虚，爱人务实。付出真心，才能得到真心。

知了在《幸福心经——我和约翰·格雷有个约会》一书中明白地告诉我们，爱是一种感觉，幸福是一种感觉，更是一场修行！最好的人生是这样的：既有敏感的灵魂，又有粗糙的神经；既有滚烫的血液，又有沉静的眼神；既有深沉的想法，又有世俗的趣味；既有仰望星空的诗意，又有脚踏实地的坚定。经历了长夜，守到了黎明，穿行过黑暗，还相信阳光，带着强大的内心上路，一路看山看水，脸上有柔软的笑容。山风吹不动幸福的笛音，在多少柔弱的心房作茧，丰腴了你清淡的梦乡。千万条吟风弄月的途径无法走入你的梦，你拨弄着一把古典的瑶琴，却是世人心海的涛声。是你点燃了一盏醉人的心灯，在星光斑斓里放歌。是谁吹奏着迷人的萨克斯，在城市的上空舞蹈，乘着歌声的翅膀，踏响着一种人类共同的语言，那就是你——知了！那就是你致力于倡导的幸福佳话！起伏的鼓点，是你的脉脉心颤，如此地从容淡定！人们借着每一抹晨曦，感受源于你的心灵回声！

幸福是一种感觉，你感觉到了，便是拥有。幸福就像一盏烛光，当你穿行在万家灯火，总有一片暖暖的荧光照亮你回家的路；就像一抹回味萦绕在心际，酸甜苦辣都是曾经的追逐；就像一份渴望，当憧憬岁月的皱纹爬满额头，仍能坦然欣喜而无愧无悔；幸福就是一杯想象，梦想着把平凡的谷米酝酿成美酒的芬芳，然后用生命守候与珍藏。你一直在吟唱一支四季的歌谣，为我们、为家庭与社会的和谐幸福。你的每一个细胞都是钟情的歌者，你用你的博爱和智慧，燃尽人们心中叹息的云朵。我们一路走来，与你同行！捧读你的专著——《幸福心经——我和约翰·格雷有个约会》，一定会让我们的生活更丰富、更精彩！

记得小时候常常在春暖花开的季节里，一个人沿着江边静静地走，累了就一个人静静地坐在河边。河岸上常常有不知名的野花随意从容地绽放，舒展着春天的笑靥，有蜻蜓偶然轻盈地掠过，薄薄的翅膀振动着阳光的色彩，于是你有了想飞的理由。温柔的风在空气里流淌，抚慰着整整的一段岁月，你便在那一刻感受到了平淡的安详。

从那时起你开始眺望远方。人生不停地在岁月的变幻里交错，风景注解着人生的每一次踏足，路上仍会有风雨，仍有阳光下飞过的蜻蜓，也依然有与路人相遇时的驻足微笑，那是一种越来越淡的温暖，弥漫心房却永不消散。你用你难以企及的高度，用你溢满真诚的演说，用你的《幸福心经——我和约翰·格雷有个约会》告诉人们：你领悟到了幸福，它时时刻刻在我们周围悄然无息发生着，只是我们的眼睛有太多漠然，我们的内心有太多忙碌。因此，学会发现幸福、感受幸福，就要有一颗感恩的心；学会发现幸福、感受幸福，就要有一颗善于观察的心；学会发现幸福、感受幸福，就要有一颗乐观向上懂得感恩的心。幸福，其实就在我们的眼中、心里！

爱与被爱都是一种艺术，谁是这场缘分里的修行者呢？或是你，或是我，或是我们大家。有了幸福、有了家、有了爱，就不会有真正意义上的流浪！修行，无论结果如何，过程总是美丽而令人心动的。有人说美就是一种和谐。很多年前，我读黑格尔的《美学》的时候，也有这样的观点。可是直到有一天，我看到知了的《幸福心经——我和约翰·格雷有个约会》之后，才终于明白了，对于生命而言，千万别说完美；对于心灵来说，千万别说尽头。其实生命的过程就是一个修行的过程。心灵的感受也许永远都会是一种梦想，都会是思维世界里的图腾。

我们也许会老，但我们坚强的信念不曾泯灭！当我们的头发在指尖悄然飘落，我们拿什么来叹息这百年的人生？你从事的是一个叩问灵魂的事业，是社会进步与发展的洞察者，这种大爱攀缘着一种品格、一种精神、一种境界，你诠释了爱与幸福的方向，诠释了成功与慈善的境界，这就是《幸福心经——我和约翰·格雷有个约会》。这些把仁爱和奉献视作自己人生目标的人，你们站在潮流之上，展开天使的翅膀度人度世。

边走边唱，歌唱着走过的日子，几多艰辛、几多沧桑；边走边唱，一路繁花似锦，一路山重水复，一路月落星沉。你的梦想永远是三月晴空里的风筝，放飞自己胸中不能诉诸语言的智慧和骄傲，放飞来不及装饰却已熠熠生辉的畅想和期望！未来岁月，岁月无涯，无涯的肯定还有来自幸福的缤纷交响；未来岁月，岁月作证，作证的肯定还有来自知了的倾情演讲！歌声依然，在现实和未来的双重时空芬芳浩荡。走吧，知了！走吧，灵魂歌者！走吧，《幸福心经——我和约翰·格雷有个约会》！从这个季节出发，向着你生命的花园、梦中的风景，用你对幸福、对人生的奉献，与天地相和鸣，与风云相激响！

（梦雨，资深媒体人、总编，影视制片人、导演，独立收藏家、馆长）

再版自序

谨以此书，献给想要更加幸福的人

时光如梭，八年前我写的《幸福心经》一书即将要再版了，我期待这一天很久了，借此机会我要感谢所有给过我帮助的人。

感谢读者对我著作的喜爱，在不同的时空里，我总是会遇到我的读者。有的读者告诉我，多年前购买的《幸福心经》一直放在她的床头，每天睡觉前都会读一会儿，我的书陪伴她恋爱、结婚、生子、工作……有的读者告诉我，有一天，她的先生兴冲冲地回去，抱了三本《幸福心经》让她一定要好好看看，她说，是《幸福心经》这本书让她看到了光亮……有的读者告诉我，曾经在一个演讲现场听到我分享的关于情绪管理与关系重建的方法后，她回去用来解决家庭冲突，结果让家庭关系得到了质的改变……

这样的情景时常发生，无比地激励我，让我深刻感受到写作这本书的价值与意义。

对于完美主义者的我来说，始终有一个声音在脑海中回旋："幸福是多结构的，多层次的，这本书的内容还可以更好，有许多章节的内容我还可以用更高维度的视角去优化……" 但是对于如何优化，以及用怎样的方式可以让这本书长久地陪伴读者，给读者带来更大的价值和方向，我一直在思考。直到我再次与美沃相遇，与德国 LUXX 认证相遇……在再版过程中，我遇到了安妮，遇到了资深出版人王晓宁先生，他们对这本书的再版工作付出了巨大的心血，他们对我作品深深的认同以及对细节的把握都让这本书更具价值。细心的读者们也一定会发现，新版的《幸福心经》增加了新的再版序言、新的内容和章节，同时也对旧版的《幸福心经》的内容做了修订。

过去十余年的时间里我坐着轮椅去过许多城市，也走出国门分享过幸福，我经历过非常大的挑战，也一直尝试在情怀与商业中寻找一个平衡。幸福到底是什么？为什么我可以十年来忍受种种的艰难困苦把这份热爱坚持下来？我在格雷大师的智慧里找到了答案，在LUXX里找到了答案，在爱与坚持中感受到了安心，找到了投射在我们所有人灵魂中的一道光，也让我更加深刻理解了许多事情的发生，理解、尊重、认同和接纳生命中不同的呈现……人是可以真正做到“心甘情愿地付出，欢天喜地地接受，心中有信仰，灵魂有归宿”的。

本次再版的《幸福心经》在整体结构上做了优化与调整，增加了“多维度的幸福”部分内容，从包容与理解、审美、音乐、运动、读书、独立、形象、公益、友情、感恩、动机等不同维度看幸福，让幸福变得更加立体。同时，也通过我的自媒体将书中的内容向更多读者朋友传播。我相信，这种基于新技术对于幸福的诠释一定会给读者带来更大的收获。

在最后，我还要感谢我的家人一直以来对我的包容、理解与信任，感谢为新书再版写作推荐序言的各位老师与伙伴，这些字里行间透露的真挚及行云流水般的妙笔给予我无穷的力量。我还要感谢中国妇女出版社在这本书的选题、定位、审稿过程中的严谨与细致，特别是对于本书主题的重视，让我深深感受到了一份崇高的社会责任感。

2021年7月10日

初版自序

让更多的人活在爱的关系里

爱，可以让这个世界转动。

这是真的，你能想象我现在的状态吗？我享受坐在轮椅上的感觉，不再抗拒、不再拒绝、不再逃避，而是接纳真实的存在与自我以及当下。然而这一切都源于我得到的爱，这些爱源自我的家庭，源自我父母的无私之爱、爱人的夫妻之爱、孩子的成长之爱！小时候父母所给予我的无条件的爱让一岁就患小儿麻痹导致双腿残疾的我相信，在世界上，哪怕我一无所有也有人会爱我！爱人所给予我的欣赏、理解、包容、信任和带着审美的夫妻之爱，让我能够安然享受生命的美好与尊严！孩子给予我的关爱与生命的成长和生发之爱，让我相信爱的轮回！老师给予我的智慧之爱，给予我生命的另外一种能量！一路上，我遇见的每一个人给予我的成长之爱、魅力之爱、智慧之爱、力量之爱、能量之爱，让今天的我得以写下这本《幸福心经——我和约翰·格雷有个约会》，不是为我自己，而是为了千千万万值得拥有爱的人。因为我想让许多人拥有和我同样的感受，享受同样的幸福，知道本应该知道的关于爱、关于婚姻的法则的真相。

爱是这个世界上最通用的语言，是内在的宁静最高层面影响外面世界的能力。人通过缺憾才感受到完美，经由痛苦才感受到快乐！宇宙有日月星辰，亦有风雨雷电！这便是宇宙的真相！用全新的观点来看待那般无情的力量——时间！如果人被隐藏的生命节奏推动，那么他就能够在短暂的流逝岁月中看得更清楚，爱得更深刻！我们不存在任何问题，有可能成为问题的一切，都被隐藏了起来。如果我们只是拼命读有关幸福的书，而不是拼命地做到离幸福更近，读一百本书或者更多也是没有用的，除非我们真的做到了！现今人们的生活充斥着各种压力，没有人能够对不良情绪或心理绝对免疫。丹麦人是世界上幸福指数最高的人，他们称幸福感来自对彼此的信任。而信任和爱是所有问题唯一的答案！

有一次，我的一位学生给我发来感谢信，他说，以前他很讨厌自己的女朋友唠叨，当她对他的行为指手画脚时，他恨不得说一句“闭嘴”！后来，上完我的课后，他回家对他的女友说了一些温柔体贴的话，帮她做了一些力所能及的小事，女友的态度顷刻间发生了翻天覆地的变化，她不再对他的行为看不惯，而是把更多的爱和肯定给了他。“原来，女人唠叨是在向男人索爱！”他说，“如果没有你的指点，我可能早跟女友分手了，因为我会以为女朋友天性如此，根本不适合我，原来爱就藏在这么小的细节里 ！”

《幸福心经——我和约翰 · 格雷有个约会》富含了一切男女相处的要点，它包含了我的导师约翰 · 格雷先生亲授的男女相处的技巧和智慧，也包含了阐述男女心理特征方面的心理学知识。我的初衷是写一本真正适合中国男性和女性看的书，用中国人自己身边的事来传达适合中国家庭的男女相处之道。本书共八章，八十多个小节，内容包括恋爱、婚姻、重建真爱、职场两性、育儿，以及我的导师通过多年研究整理而成的改善两性关系的最有效、最直接、最简单、最深刻的方法。也希望借由这本书打造一个幸福的大系统，让幸福不仅有内核，更有它的外延，让幸福成为一种常态。

我们需要做的不是拼命读有关幸福的书，而是拼命地做到离幸福更近，一百本有关幸福的书也不会让我们离幸福更近。我们缺少的不是知识，而是思想、是审美、是关于爱的感觉，宇宙接收的是我们的思想！幸福只需要有一个方向，更重要的是将行动根植于信念当中，幸福便不再遥远，并且，我们每个人都可以成为一个幸福的个体去影响另外一个生命，跟那些和你价值观相近的幸福家庭和人士交朋友，建立社交圈，这将创造出一种保护婚姻的环境。男人是一种感情动物，他们希望得到妻子的赞赏，也想要妻子明白，他们为了做好一切而付出的努力。问题在于，男人不像女人，他们很少说出这些感受，所以当你的丈夫需要得到一点肯定的时候，你也许未必能察觉到。所以，我们需要身边的人来提醒。

有一位著名演员曾说过这样一段话："我喜欢收拾家，这是一种心境，收拾完特干净，会觉得很舒服。我觉得男人最大的时尚就是多在家待一待。其实把所有该回家的人都召回家，这个社会就会安定许多。现在有多少不回家的人，不是因为事业，而是在酒桌上、歌厅里。如果晚上每个家庭的灯都亮了，也是一种时尚。"说得多好啊！让更多的人活在爱的关系里！爱是唯一真正能带给我们满足、让我们超越自己的力量。我们的爱的强度取决于我们的诚实度。要想让我们心里的爱持久，或者要想让爱回归，就需要一个不断认识的过程。我们只有让越来越多的爱流进生活的所有领域，我们才会越来越幸福。

2013年4月20日，经历两年多非常多的挑战，我终于和合作伙伴及团队一起将我的恩师，世界知名的两性关系大师、情绪管理专家约翰·格雷请到杭州，与中国一千五百名企业家聆听震惊全球的两性幸福密码。当他得知这些年我一直坐着轮椅在全国飞来飞去传播他的智慧，并打算写一本真正适合中国读者的有关幸福的书籍时，他满怀关怀与爱意地对我说："Terisa（知了老师的英文名），让我来告诉你为什么你是爱与智慧的化身。你的心胸很宽广，你的视野很开阔，你是有极强能量的女性，你就是爱与智慧的化身。虽然你坐在轮椅上，但是你传递了一种极强的生命能量的状态，我们许多人有时候会看不到自己的方向，需要身边的人来提醒我们是谁，你是全世界少有的几个能懂得我的人之一，你能看到我的优点，你能发掘我的优点，你彻底地认同了我、接纳了我，我想说，你对我的认同也是对你自己的认同，你能看到我内心的爱，其实你对我的爱也是对你自己的爱，中国有许多人都需要这样的智慧，他们更需要你的智慧、你的分享。我一定会支持你的梦想，我也会支持你的使命，你的梦想也是我的梦想。因为世界不快乐，我也不快乐；世界不幸福，我也不幸福。”

在过去的三十五年里，约翰·格雷大师帮助全球数十亿男女改善和改变了他们生命关系的品质。他走遍全球，帮助人们了解爱、获得爱、分享爱、享受爱，让爱在每一个家庭中流动。他告诉了人们情感和爱的世界里放之四海而皆准的法则和现实可行的计策，他的智慧为人们打开了一扇窗，驱散了人们眼前的迷茫。这位闻名遐迩的美国畅销书作家，从书本上颠覆了人们对两性关系的常规认识和理解，他让我们用一个新的视角——两性视角，看待自己生命里的另一半，用一点一滴的改变，让我们的爱和激情、亲情、友情更持久、更牢固。瞧，这是一项多么伟大而光辉的使命啊！

通过本书，我还想告诉每一位值得拥有更多爱、更多幸福时光的朋友，美满的婚姻远比我们想象的要简单，这就是我这本书要传递的一个信息。你只需要一份关系指南、一本幸福地图，确定你的目标和方向，加上强烈的有关幸福的信念和行动，相信我，你就会获得你想要的一切！如果你愿意的话，带着如下命题来读这本书，你会收获良多。也许你收获的是更加幸福的方法，也许你收获的是对于幸福的思索，也许你收获的是有关幸福与个人、与家庭、与企业、与社会责任感的链接，也许你会因为书中的某些提醒而照亮自己或许不知如何前行的幸福之路。

无论怎样，这本书会让你对幸福关系中的每一个人多一份理解和包容，你会因为这本书而了解最简单、最深刻而又必须面对的有关幸福的真相。也许你收获了幸福之术，也许你收获了幸福之道，也许你收获了幸福的大系统，也许你收获了没有边际的幸福海洋……这本书的使命，是让世界上有更多带着爱的智慧，满怀和谐与宁静的行者！让更多的人可以活在爱的关系中！让更多的人可以活在静美灿烂、慈悲喜悦的状态之中！世界上有一个很美很美的字，它叫作"爱"，这个高贵的字会让人们踏着荆棘，不觉得痛苦，有泪可落，但不会悲凉！它会让世界充满爱！这将是我一生的追求与生命的所有意义所在！

愿这本书会为你带去所有你想要的答案！

2013年5月20日

目录

Contents

第三章
美满婚姻——婚姻是最好的修行

第四章
重拾真爱——治愈情感的阴影

第五章
职场男女——金星人与火星人共事的艺术

第六章

积极养育——孩子来自天堂

第七章

幸福心经——男人来自火星，女人来自金星

第八章

最实用、最简单……的幸福GPS

第九章
多维度的幸福

第一章
如何找到你的灵魂伴侣

- 两性之间不但在相貌上存在差异，生理结构和性格特征不同，说出来的同一句话也有着不同的含义。
- 最好的爱是让我们的灵魂自由呼吸。
- 爱犹如宿在花冠的露珠，宿在纯洁心灵的深处。

1 你从哪里来，你要到哪里去

男人和女人生活在同一个星球上，他们是同一种生物。可是，当你作为其中之一的性别，试图跟另一性别的对方交流时，你会发现那很困难。如果把你们的关系从普通关系发展到恋人或夫妻，这种困难会越发严重，直到某一天你们之间再也找不到可以沟通的话题，为此不得不分道扬镳。

两性之间不但在相貌上存在差异，生理结构和性格特征不同，说出来的同一句话也有着不同的含义。

女人有时候会大声抱怨："都是黑眼珠、黄皮肤、黑头发的中国人，怎么跟你们男人沟通起来，就像是跟外星人在通话。"女人絮絮叨叨想要找到一个倾诉对象，期望有人能用心听自己讲话。而男人心里的想法却是：你们女人头发长、见识短，老祖宗都总结了，跟你们没什么好说的。所以，男人对女人的倾诉无动于衷，而女人常常为男人不屑一顾的态度抓狂。

自从我从约翰·格雷大师的《男人来自火星，女人来自金星》一书中深刻了解到男女大不同之后，我由衷地为大师提示了这个双方视角而感到赞叹。

女人时常想着改造自己的男人，改造成自己期望的样子，她们把自己的想法强加在男人身上，俨然一个最好的裁缝想把一匹布剪裁成最好的衣服一样。

可是，毕竟男人不是那任由你的剪刀裁剪的布匹，他们心里有自己的想法，有自己期望的生活，他们结婚是想要跟一个人共度一生，而不是指望对方打造自己。

女人更喜欢把未来的蓝图摆在眼前，絮叨着自己未来要住进什么样的房子，进行什么样的装修，养什么样的宠物。而男人关注更多的是当下的生活。他们宁可多玩一会儿游戏，多看一会儿球赛，也不愿托着下巴想一些毫无意义的事情。于是，女人把男人的这种状态看成无所事事、懒惰；而男人把女人说成是不切实际。

如果女人说“我喜欢这款项链”，她的意思可能是“你快掏腰包买给我吧”，或者是正在提醒你，她脖子的肌肤有多雪白，引起你的注意，以此换得赞美。可是，这并不是那么容易掌握的。男人以为女人就是随口说说，他们只是随声附和“确实不错”，而非挖掘女人的心思。到头来，女人生气了，男人却还一头雾水。

大多数女人习惯让人猜测她的心思，她希望有一个善解人意的人跟她心有灵犀、相濡以沫。对她而言，如果事事都说出来，就太没意思了。可男人的心思是，我猜不透你，没法理解你，你还是直截了当地说出来算了。

一个不说，一个不猜，就像捉迷藏，玩过家家，最后是一个觉得没劲，一个感觉很疲倦，好端端的两性关系，因为两者间存在的差异，弄得怨言不断，别别扭扭。

实际上，这并不是一个复杂的问题，女人只需将男人看成是另一星球的生物，而非自己的同类，男人亦是如此。抱有这样的心态，男人就会理解女人的所作所为，而女人也会理解男人的不解风情。

想想看，我们潜水到深海，看到一切稀奇古怪的东西时，都会出于好奇将其带到陆地进行研究。两性关系中，不同的双方对彼此而言也是稀有物种，为什么我们不对对方产生兴趣，进行细致的研究和了解呢？只有男人了解了女人，女人读懂了男人，和谐幸福的两性关系才会让我们真正受益。

2 焦点心理背后的动机欲望

女人喜欢照相，无论走到哪里，都会“咔嚓”拍几张照片，这似乎已经成了女人的一种习惯。

“嗨，这儿的风景真美，给我照张相吧！”女人对身边的男人这么说道，随即她们无师自通地摆起各种优美的造型来，俨然是训练有素的模特。拍完照片还不忘再仔细审阅一遍，想要知道照相的人是否抓取了她最美的样子。如果你足够仔细的话，你会发现女人面部的表情会随着这些照片的效果好坏发生变化，如果足够好看，她们会眉开眼笑，否则会立刻删除，至于那美得出奇的景色才不是她们要留存的呢！聪明的男人如果在女人看照片时适时来一句“你真漂亮”，女人的心情立即会好得像晴天。

男人不知道，大多数时候女人照相并不是因为身后的风景有多美，只是她们喜欢闪光灯聚焦在她们身上的感觉罢了。

可以说，**女人有着一种与生俱来的“焦点”心理**。她们想成为家长眼里的焦点，成为学生中的焦点，成为办公室里的焦点，成为男人眼中的焦点，甚至更想成为某些话题的焦点。这个焦点就像一颗发芽的种子，不断地在她们内心滋长，并终生相随。

可问题是很少有人会真正理解女人的这种心理。不善教育的父母对着自己的女儿吼：“瞧，某家孩子多有出息！”不解风情的男朋友把目光投向从女友身边飘过的美女……

也许父母从来都不知道，因为你们的那句话，留给自己女儿的会是一个怎样的童年，那个“隔壁家的孩子”可能会成为她终生痛恨的对象；男朋友大概也不知道，你与爱人感情的嫌隙可能就从你关注某个女人开始。

当然，男人们很纳闷，女人要那个焦点做什么，何必那么虚荣？实质上，这不是虚荣，只是女人**希望自己能受到足够多的重视，这种重视代表着对她们某种魅力的认可，这种魅力可能来自长相、来自身材，也可能来自谈吐和她们的成就。**

可以说，女人所要的这个焦点能给她们动力，是她们赖以变成一个更有魅力的女人的驱动力。一旦这个焦点转移，她们会想自己是不是已经失去了魅力？别人是不是不喜欢自己了？为此，她们就会伤春悲秋起来，对自我的改善也不再那么积极主动。可是，随着其他人对自己的认同，女人又会重拾自信，并时常为延长这种被认同的感觉而不断地改进自我。

观看一档娱乐节目时，男主持人问一位长相普通的女士为什么不进娱乐圈。这位女士说，“我歌唱得不好，人长得也没某某女星漂亮，演技也不如人”。男主持人瞪大眼睛说：“没有啊，我觉得你唱歌很好听，人长得也不比某某差啊！”此话一出，那位女士立刻笑着答道：“其实我就是为了让你这么说才说那样的话的！”

在随后的几年，这位普通的女士无论演技、歌唱能力，还是外形方面都发生了很多变化。当她名气越来越大，别人问她想感谢谁时，她说最想感谢的就是当年那位男主持人。

想来，**比起那些被目光和赞美包围的漂亮女人，普通女人更希望自己被人关注，作为男人最好不要伤害任何女人的这种“焦点”心理。**当你跟一位女性相处时，无论对方漂亮与否，举止得体与否，不妨就将她当成你眼里的焦点对待，这是未来你们能否友好相处，或关系能否更进一步的关键。

3 男人需要被崇拜的心理秘密

我有一位朋友，跟丈夫结婚十多年了，可两人的关系看起来就像永远在热恋一般。很多人都以为她有了不起的婚姻保鲜秘诀，只有我知道她只用了一招，那就是赞美。

“老公，你把这个修好了？你真是太厉害了，我想这种事情一般人是不可能完成的！”当丈夫修好家里的水龙头后，她会瞪大眼睛这么说。

“老公，你又加薪了？你太让我崇拜了，你是怎么做到的呢？你原本就很厉害了，怎么还能更厉害呢！”当丈夫加薪升职后她会这么说。

“嗨，老公，带孩子你都能干这么好，还有什么是你不会的！”当丈夫帮孩子换衣服时，她又会这么说。

跟她认识很多年，我从未听见她抱怨过什么，无论在别人看来她的丈夫做的事多么不值一提，或根本做得就不好，可她从不会因事小或做得不好就横加指责或抱怨，而是始终如一地对丈夫所做的一切给予肯定和褒奖。因为积极性不曾受到打击，所作所为受到了肯定，她的丈夫自然不会赌气不再做家长里短的事情，反而更加积极地为妻子做很多事情。

“我妻子很好，她从不给我泼冷水，即便有些事我自己都认为做得够糟，可她总能找到亮点加以赞扬，这让我很感激，也让我有了把事情做到更好的动力。”她的丈夫经常这样说。

男人需要的崇拜，其实并不是一些不切实际的追捧和赞扬，而是对他们所作所为的一种认可和惊叹：“哇，你太让我意外了，这种事都能做到这么好！”就这么一句简单的话，就有可能让一个自信全无的男人立即变得士气高涨，并让他下定决心把更多的事情做好。

可有的女人并不明白男人的这种心思，她们从不会因为一个男人为她们做过什么就大加赞赏，反而常表现出鸡蛋里挑骨头的嫌疑。比如煲汤，女人时常为男人煲了一次汤而感激涕零，但喝的过程中她们又会抱怨汤太淡或汤不够浓，也许男人对女人的挑刺保持着微笑或给予“下次我努力做好点”这样的承诺，可内心里已经做好了“再也不为你服务了”的准备。女人常常埋怨：“以前你还能做点事，怎么现在越来越懒？”其实她们不知道，男人的懒都是女人的抱怨和挑剔造成的啊！

所以，当女人以自己的标准崇拜上司、周围事业有成的男人或某些不曾谋面的传奇人物时，也不妨对身边那些普通男人，你的约会对象、男朋友或者丈夫给予认可和赞扬，比起你盲目崇拜毫不相干的人，对身边男人的肯定能让你获益更多。

记住林肯的那句话：“一滴蜜汁要远比一加仑的胆汁更能吸引蜜蜂。”

4 爱是需要用心赢取的礼物

相对来说，让一个男人或女人感到无比幸福的，不是他们获得了怎样成功的事业或者赢取了多少财富，而是他们拥有的爱。

一个原本懒散的男人之所以变得衣衫整洁、神采奕奕，很有可能他正在争取一份爱情。男人时常会为了心爱的女人变得无比用功，他们拼命工作，希望为爱人创造最好的生活；女人不再跟异性朋友频繁往来，纤纤玉指开始碰触油盐酱醋茶，原因更多的可能是为了一个男人而收了所有外心。

大家都在努力为赢取一份美好的爱让自己脱胎换骨。只是很快男人和女人都失望透了。他们以为自己为对方做了很多，可结果是对方并未领情，甚至熟视无睹，这让他们备受打击。于是，怀疑这个世界是否有真爱也就成了自然而然的事。

很多人都被这个问题困扰着。他们愁眉不展地跟别人倾诉“我为他做了那么多，改变了那么多，努力了那么多，怎么就没能得到应有的回报呢？即便是一句感激也好”。

实际上，**男人在努力赢取真爱时，只是依照着自己的想法，他们从不知道为对方所做的一切，是否是女人真想要的。女人也是如此。**

女人对于男人放在她手掌心的银行卡开始两眼放光，接下来她就可以为所欲为地购买美容产品和与友人欢聚了。为此男人就以为，女人想要的就是有更多的钱花，只要男人为她挣得足够的钱花，就算是对她最大的爱了。可实质上，你只看到了女人眼里的光，却并未看到她接下来眼里的暗。

女人是矛盾的物种，她们时常内心挣扎，她既想要男人给她很多钱花，又想要男人有很多时间陪她，还想要男人给她足够多的自由空间。于是，她们就变得非常矛盾。她们也自我反思：我到底要什么样的男人呢？那一定是有能力把工作做好，又能抽出足够多的时间陪伴我，同时又对我有着足够多的信任度，能给我自由空间的男人。可这真的很难，男人并不能一一满足所有的需求。

“我还不是为了给你创造更好的生活才不回家的吗？你知道我有多累吗？”男人一进家门就听到女人的抱怨，于是情绪大爆发，他大声抱怨一切都是为了女人，却得不到理解。终于，男人摔门而去，他的内心在想：“为什么我的妻子这么不可理喻，我对她的好她怎么一点都看不到，她还想让我为她做什么？”

其实，两性间的关系不应该这么累。为什么那么多人为爱负了伤、痛了心，可还趋之若鹜呢？原因是，爱原本是很美好的，它如同嘈杂环境里的柔和音乐，是需要用心去听的。

男人与女人在赢取爱情时，都是各尽所能，以自以为对方想要的方式拼命为爱加分。可问题是，你努力为对方做的并不一定是她真的想要的。你痛苦、郁闷、愤怒，以为对方不可理喻，认为你跟她原来不是一路人。实质上，所有人都不是一路人，之所以有些人能最终走到一起，原因仅仅是他们对待彼此十分用心。

现在你该思考这样一个问题：我想要赢取真爱，但我真的足够用心了吗？

努力只是做了一些事，而用心则显出了你的诚意。

如何用心？对于男人来讲，无论何时都能设身处地地为对方着想，为对方做一些不计回报的小事，在她需要倾诉时能仔细聆听，在她愤怒时可以帮其恢复平静……你需要为对方做的事情太多了，很多很多的小事都足见你对她的用心。

所以，不是你多有钱，给她多美好的场面，做出多大的承诺就是爱，实质上，打动女人的，往往是当她遭遇困境时挺身而出的你，当她的情绪跌入低谷时拉她一把的你，当她需要倾诉、需要有人陪伴时及时出现的你……只有这些事才是你赢取她的真爱应该做出的努力。

至于女人，不是你做了一桌子好菜就是对男人的体贴，也不是你把自己变成他想要的样子就是对他的真爱，不如问问他今晚想吃什么，不管多晚都给下班回家的他一张微笑的脸，给他揉揉肩膀，感谢他为家庭所做的一切。

彼此不埋怨，相互能谅解，就像疼自己一样好好疼他，只要你做的是他想要的，必然会得到他积极的回应，二人世界的关系才会没有硝烟，这需要我们具有更多了解彼此的智慧。

5 寻找灵魂伴侣

爱情就像一首曲子，一开始大家都是盲弹，慢慢练习，时间久了，多数人都可以弹出绝妙佳音。

眼缘

我们常听人们说，我喜欢怎样怎样的男人或者女人。可等到恋爱时，他们选择的另一半却完全不符合预期。之所以有这样的差异，原因是在恋爱的初始阶段，人们都是靠眼缘来确定另一半的。可能是她的一个微笑偏偏就打动了他的心；他不魁梧、不高大，为人处世也不够大方得体，可他说的某句话就中了她的意……这就是爱情的神奇之处，总是在你焦虑等候时迟迟不来，你不曾思虑它时它又积极造访。一个偶然，那个从不曾列入你名单的对方走进了你的世界，一切都源于美好的眼缘。但也许这背后是我们过去所有读过的书、走过的路、阅过的人，是所有经历过的事情在我们身上整合成的一种信息流。

吸引与不确定性

俗话说异性相吸，可怎样才能做到长久的相互吸引呢？我非常喜欢的一本书——《我是谁——成就人生的 16 个基本欲望》，我非常愿意推荐大家看一看。这本书的作者是美国俄亥俄州立大学心理学教授斯蒂文·赖斯，他以其深刻的洞察力从日常琐事中找到了这个问题的答案，他的动机理论解答了我们人生中那些最重要的问题。

你以为爱情有保鲜期，一旦双方带给彼此的那种陌生的吸引力消失，彼此在对方心里就会变得普通无比。于是你担忧：新鲜感过了以后，我们该怎么相处？万一对方对我不再感兴趣了，那这场恋爱是否就以分道扬镳收场？因为你们彼此还未建立起深厚的感情，所以你们的关系非常不稳定，这种不稳定就会使男人摇摆，带给女人不安。于是，在约会的不稳定期，男人误以为女人并不适合自己，选择放弃；天生缺乏安全感的女人为了稳定两人的关系，则变换着花样讨男人欢心，但是这种方式反而适得其反，男人迫于压力会逃得更远。

难分难舍

一旦度过第二、第三阶段，男人与女人的恋爱就会迅速进入难分难舍的状态。这种难分难舍体现在，你们认定了对方就是自己的恋人，你们可能会吃住在一起，一起学习、购物、参加聚会，因为稳定了与彼此的关系，你们会更喜欢彼此，会用心地去宠爱彼此。但是，在这样的朝夕相处中，你们彼此的缺点会毫不保留地暴露出来。你们会吵架，会摔门而去，甚至可能会提出分手。但最终你们还是走到了一起，原因是你们已经为这份感情付出了，懂得了要珍惜，哪能轻易说分离。

虽然争吵会让你们对彼此的需要更加了解，但次数多了也会伤感情。在这个阶段如果我们足够懂得男女世界各自的需求和差异，就能将矛盾转化成浓浓的爱意。

给一个交代

随着对彼此的日渐了解，你们需要对这段感情有个交代，于是，你们开始商讨是否可以结婚。到了这个阶段，你们大可以松一口气，你们的感情总算到了结果的时期，接下来只要不出意外，你们就能进入婚姻的殿堂。

但也有意外发生，一对刚刚结婚不过一个月的夫妻，经历一场大吵后选择了离婚。其实这也不算意外，感情走到这一步，很大的原因在于你们恋爱阶段的问题没有解决，就步入了婚姻，婚姻中的各种问题比恋爱时期还要复杂，于是，两人不得不为这匆匆开始的错误画一个休止符。

其实，要想婚姻稳固，与其急着结婚，不如先彼此磨合，相互间去适应，去进行婚前体验，放慢脚步、彼此分享、消除分歧，以此消除婚姻可能带给两人的失望。

6 确定灵魂伴侣，开始幸福生活

对于很多人来说，情感之路并非一路畅通。即便他们深谙男女的不同，也试着做了很多努力，可最终他们还是发现彼此不合适。

于是，恋爱中的双方，在走到约会的第三阶段，或第四阶段后便分道扬镳，甚至有些在第二阶段就恢复了单身生活。

很多时候，即便你很珍惜一段感情，并努力地经营，按照对方能接受的方式与之相处，可问题是，对方认为你所做的一切在他看来理所当然。于是，你一再努力，可一再得不到回应，最终你深深体会到了对方真的不适合自己，于是干脆利落地放手，这是一种在深刻的尝试和思考之后所做的明智之选，所以你的放手并不会让你太过悲伤。

所以，当你感觉自己的放弃并没有带给自己太多痛苦时，恰恰说明对方真的不适合你。

那么，我们如何才能找到真正适合自己的另一半呢？不妨让我们先听听下面这个故事。

李洋跟白梅相恋五年，在第五个年头秋天的某个早上，李洋提出跟白梅分手。

白梅当然无法接受，她撕心裂肺地哭喊："我一直在这段感情中投入，不断地付出，我为了爱你，生生把自己变成了自己不认识的样子，而你从不知道改变一下自己，什么事情都要让我迁就你，如果你付出过那么一点点的话，我们也不会变成今天这个样子。现在有理由说分手的是我才对，可你却要跟我分手，你凭什么？这五年我在你这里浪费了多少青春和爱情，我把一切都给了你，可你却要毁掉我这么多年的付出和爱情，不行，我不愿意，你休想。”

尽管白梅不愿放手，可李洋还是头也不回摔门而去，从此消失得无影无踪。白梅受不了这样的打击，差点做了傻事，此后的一年时间她都精神萎靡，整个人越来越消瘦。

有人曾开导她，说其实**恋爱就像去专柜试鞋一样，好看的未必就合脚，不好看的穿着未必不舒服**。所以，多试试，说不定就能找到既漂亮又合脚的鞋子。女人找男人也是这样。可是，白梅摇摇头，她觉得自己把所有的感情都给了那个负心汉，再也没有力气去爱其他人了，她这辈子可能会随便嫁个人过日子了。

可现实并非如此，与李洋分手不到两年，一个叫高杰的男人出现在白梅的生活中，他温柔体贴，懂得浪漫又很会居家过日子。白梅很快就与他坠入了爱河，以至以往对爱情的忌讳和阴影也荡然无存。与高杰相处的日子里，白梅才真正体会到什么是甜蜜和幸福。相比跟李洋在一起那种虚幻缥缈的感觉，现在的生活似乎才是真实的、接地气的。她的内心对爱情有了一种从未有过的体验。他们仅谈了半年的恋爱就结婚了，婚后生活得很幸福。

亦如白梅的故事，我们一生里会经历很多的人，那个给你留下刻骨铭心的记忆，让你撕心裂肺痛过的人，未必就是真正你该去爱的人，也并非真的适合跟你共度一生的人。**灵魂伴侣不需要我们太多地去求证他适合与否。跟他在一起，我们只需遵循男女有别的原则，好好相处，他就能自然而然地与我们白头到老。**但有些人，即便你使了好几倍的力气，也未必能将两人的关系发展到水乳交融的地步。

无论男人还是女人，都要坚信的是：真正适合自己的那一半终究会出现，即便我们经历了一段失败的婚姻，接下来我们一样能寻得适合我们的另一半。

当然，与那个灵魂伴侣相处的过程也非一帆风顺，因为“每个男人心里都住着一个女神，每个女人心里也住着一个王子”！基于这个原因，我们时常会对自己的另一半太过苛刻。实质上，没有一个人是完美的。与我们相伴一生的灵魂伴侣，可能存在更多瑕疵。因为在日渐亲密的相处中，你会最近距离地看到一个完整、本真的对方，他可能上厕所不喜欢关门，睡觉打呼噜、流口水，吃饭会弄出很大的响声，臭袜子、脏衣服乱丢，他甚至可能有着让人瞠目结舌的怪癖……因为他与你存在着太多不同，又有着许多让你感觉不舒服的行为特征，当然，你的另一半看你也是如此，于是，你们踏上了改变对方，想让他变成你期望的样子的漫长之旅。可是，这并非一帆风顺，你们之间的矛盾日渐深刻，直至某一天会彻底厌恶这种没完没了吵闹不休的日子。

相爱的两人其实是两个独立的个体，你们有着属于自己的特点和标识，如果彼此能做到尊重，试着理解和包容，学着欣赏和赞扬，并积极地与对方合作，拿出诚意与对方交流沟通，你会发现两性关系会发生惊人的变化，你不再因看不惯对方的所作所为而怒火暗窜，也不会因为非要纠正对方的行为而闹得鸡犬不宁。你平静而幸福地徜徉在两人融洽美好的关系中，连睡觉都变得香甜无比。

世间万物在静态下都能呈现出最美的状态，爱情也一样，心平气和地与你的灵魂伴侣相处，你才会真正领悟爱情的美妙。

第二章

两性相处——为幸福人生增添砝码

- 在很多问题面前，女人要的并不是什么解释。一个温柔的拥抱、一句抱歉，就能让她们不计前嫌。

- 对于一个女人来说，她的安全感决定着她在一场恋爱中的幸福指数。不管是女强人还是柔弱单薄的小女人，无一例外都需要安全感。女人对安全感的需要随着她们结婚、生子会一天天强烈。

- “美好”的家庭从来不是自然生成的，它得生根成长，深扎在有爱的土壤里。这份爱的土壤富含了“宽容”与“接纳”的养分。唯有耕耘好这块心田，才能与自己和好、与父母和好、与孩子和好，更与这个世界和好。

1 幸福并不遥远

女人时常觉得自己不幸福，她们觉得这都是男人的错。

她们觉得男人太不让人省心了，凡事都得自己操心，都得自己亲力亲为，男人的担当似乎从确立关系开始就消失得无影无踪。

她们总觉得自己为对方付出了太多，可男人永远是一副心安理得接受的样子，从不对她们的辛劳给予一句暖心的安慰和感谢。

很多时候女人觉得自己更像男人，她们要不断地迁就男人，要为他的斤斤计较和较真让步，要不断地包容和谅解男人，这让她们觉得疲惫不堪。

更让女人觉得不幸的是，她身边的这个男人根本就不了解她，他不知道自己需要什么，当她难过时、需要倾诉时、企图与他愉快地沟通时，他所表现出来的永远是一副心不在焉或敷衍了事的态度。这让女人十分绝望，让她一度产生是否有必要把下半生搭在这个男人身上的想法。

女人跟姐妹们聚在一起，细数自家男人的种种罪行，以期能获得共鸣。可是，在这样的批判中，女人更多是偷偷拿自家男人跟姐妹们的男人做对比。一番比较下来，女人们更加郁闷，为什么好老公永远是别人的？为什么自己的男人处处都不如别人？

所以，只要提及男人，女人间就有了话题，也就有了情绪的不断变化。

其实，**女人之所以觉得自己不幸福，是因为自身的认知造成的**。有的女人很消极，凡事喜欢往坏处想，她们总是把自己的关注点聚焦在男人身上，认为男人决定着她们的幸福。女人认为男人就该迁就她们、包容她们、照顾她们，给她们安全感和信赖感，一旦这样的要求得不到满足，她们就会极度郁闷和伤心。

其实，**幸福不是别人给你的，是自己给自己的。**

女人喜欢倾诉，希望男人能仔细认真聆听她们，能安抚她们，让她们纠结的情绪得以释放。可她们又是很好的“修辞家”，善于拐弯抹角利用一切修饰手段表达她们的想法，这让男人一头雾水，因为不能理解她们的意思，男人给予她们的回应与她们期望的差之千里。于是，女人更加郁闷，唠叨、抱怨、挑剔的情绪一股脑儿地全涌了出来。女人以事事不满的态度希冀引起男人对她们情绪的关注。可男人吃软不吃硬的本性，把女人的唠叨看成无理取闹和不够通情达理。一个要唠叨，一个要清静，最终弄得劳燕分飞。

其实，**女人只要将自己的想法直白地向男人表达出来，一定能收到更好的效果。**即便男人不理解、不支持，女人也完全可以找闺密或朋友去倾诉，或者找到一个让自己情绪有出口的方法。

当然，女人也可能会误解这个“好”。女人常说：“我唠唠叨叨，我自己也很烦，可是我不唠叨能行吗？这些年亏得我唠叨，你的生活习性才有所改进，我所做的一切可都是为了你好，你还有什么不满意的？”

其实，这样的做法都是“假好”，以为对方好为借口，把个人的习惯强加到对方身上，以期达到让自己满意和舒服的状态。

2 女人喜欢分享，男人被要求才会分享

在我参加的几次同学和同事聚会中发现，从吃饭到聚会结束，大多都是男人和男人在讲话，女人和女人在聊天。尽管一开始，男女会相互寒暄交谈，但很快他们就对彼此的话题失去了兴趣，似乎只有在同性那里才能找到共鸣。

对于女人来说，她们乐意跟别人分享一切感兴趣的话题，从她们听到的奇闻逸事，到自己亲眼看见的怪事怪相，再到家长里短，没有什么事情是女人不愿分享的。

女人之间会因为衣服、化妆品、旅游、男人，以及一切琐碎的事情达成一致。她们叽叽喳喳不停地说，不断把话题范围扩大扯远，也许一开始她们在讲育儿的事，可等她们决定散去时，话题可能已经扯到了某明星的绯闻。

倾诉、讲话就是女人的本性。一个男人常会说，我讨厌那种喋喋不休、喜欢讲话和八卦的女人。实质上，这个世界上没有一个女人不喜欢倾诉、不喜欢讲话，之所以有些表现得更明显，**区别在于有些女人喜欢对着所有人讲，有些习惯跟朋友、家人分享罢了。**

女人一旦有了心事就会辗转不安，她们必须说给别人听才会好受些。她们爱表达、喜欢倾诉、容易抱怨，很多很多的问题，女人都喜欢用嘴去解决。这就是格雷大师书中所说的“女人喜欢有人倾听”的心理。

女人对男人说：“我刚看到一个护肝的帖子，发给你了，你看看啊，很有用的！”这叫信息共享。女人通过这样一种分享，希望得到男人的认同和感谢。所以，几十分钟过后，女人会追问：“我发的东西你看了吗？”如果得到的是否定的答案，女人就会很失望，并会督促他再看，随后她们还会继续问同样的问题。

如果男人说看过了，并且觉得很好时，女人就觉得自己分享成功，会非常开心，识趣的男人如果再来一句：“你真是个体贴的好伴侣！”女人会变得更加兴奋，她们几乎会为这样一句话整整高兴上好几个小时，因为她觉得对方理解她、支持她。

如果男人说：“那些东西都是骗人的吧，有那么神奇吗？”这在他们看来似乎是再普通不过的一句话，但女人会非常受伤，她觉得自己未得到认可，她会很生气，心情变得很糟糕，接下来，一件不足挂齿的小事也可能让她跟男人来一场“世界大战”。

分享对女人来说就是这么重要。

男人就不一样，他们很少与人分享什么，即便是谈恋爱这样的大事情，男人也只是轻描淡写地带过。通常情况下他们喜欢保持沉默，带着一种领袖风采与异性交往，以为自己说话掷地有声，一就是一。他们很难承认错误，总以为自己说的做的都是经过深思熟虑的，是有凭有据的。至于女人会不会反驳，他们很少关心，有些事他觉得自己只说一遍，分量和力量就在那里，无须多说。

女人常常感到很郁闷，她的另一半就像个闷葫芦，只有不断询问，他才会把一些事情告诉她。女人总说，“我在关心他，我需要跟他进行交流，我想只要他说出来，他的压力就会减半”，可男人看起来似乎并不愿意分享他的心情，即便偶尔分享，女人还得事事顺着他，一旦对他的行为作出一个公正的评价，他立即就成了“沉默的羔羊”。

于是，女人说，男人怎么就那么闷啊！男人说，女人怎么就那么烦啊！

其实，对于两性间的相处，只要我们稍做了解和改变，就能收到很好的效果。

有一对夫妻，丈夫晚上给妻子打电话说会晚点儿回家，可这一晚就到了半夜三点。丈夫心虚地开门进来，发现妻子正坐在客厅等他。他硬着头皮向怒目圆睁的妻子靠拢，嬉皮笑脸地说："半夜三更的，别吵了哦！"

妻子哪能就此罢休，怒目一瞪说："什么半夜三更，是三更半夜吧！你去哪儿了？不是说不会太晚吗？既然要晚回为什么不发个信息或打一通电话，害得我一整夜提心吊胆，还以为你出了什么事。难不成是去哪里鬼混了？你把这事给我交代清楚，否则咱们今晚谁也别想睡觉。"

女人很委屈，她说这一大通话是因为她觉得对方不重视她。

可丈夫却以为妻子小题大做，只是晚回来一下，有什么可唠叨的。为了打消妻子没完没了唠叨下去的势头，他撂下一句狠话："你这是诚心不想跟我过了是吧，不想过收拾东西回你妈家去！"然后进了书房狠狠关上了门。

妻子在身后喊："这是你说的，别后悔！"于是收拾东西摔门而去。

其实，男人只要跟妻子真诚地说一声对不起，一切矛盾都会烟消云散。**在很多问题面前，女人要的并不是什么解释，只需一个温柔的拥抱、一句抱歉，就能让她们不计前嫌。**

这个事例也彰显了女人解决问题的方式，在她们看来，"说"可以让男人更多地了解她们，能让对方知道她们需要什么，她们总觉得只要自己说出来了，男人就一定会理解。而且她们期望男人有什么事情、什么问题，都能跟自己分享，就像她们期望跟对方分享一样，如果男人总是沉默或者不愿去说，女人便会产生对方一点儿都不在乎自己的念头，女人的不安全感一旦滋生，家庭纷争必不可免。

两性相处的要诀就是：当女人企图与你分享某件事时，男人不妨拿出一点儿时间、一点儿诚意来听，不用你长篇点评，只要能给予一点儿正面的回应，女人就会非常高兴；对于女人来讲，男人不愿与人分享是天性，与其威逼利诱让他对你掏心掏肺，不如等待着让他自己来找你。即便最终他缄默不语，那也是他的权利，无须因为分享不成就大动肝火。你走你的“分享道”，他走他的“缄默桥”，那不是疏远，只是彼此个性的彰显。

3 让他人快乐比我们想象的要容易

我在做“什么能让你更幸福”这样的两性关系调查时发现，真正能让男女幸福的，不是他们为彼此做的大事情，而是日常生活中的点点滴滴。

王静和张云已经相爱四年了，询问王静这四年让她感到最幸福的事情，她的回答不是丈夫给她买的一辆汽车，也不是生日时带她去国外度假，而是这四年来丈夫持续不间断每晚为她打的那一盆盆洗脚水。

询问张云感到最幸福的事情，他的回答也不是妻子为他所做的一些巨大牺牲，而是每晚不管多晚为他留的一扇门。

“无论我有没有带钥匙，她都会把门从里面反锁，这样不管我多晚回来，她都能出来帮我开门，看到我她就觉得安心了！这让我感觉特别幸福。”

看，幸福并不是什么技术活，细心地为彼此做一些小之又小的事情，所谓的大幸福就会在这不足挂齿的小事中一点点扩散开来。

总听到一些男人说，“我要努力赚钱，让我的女人穿上香奈儿，拎上LV，住进高档公寓，坐着高级轿车，出入高级会所，我要让她吃到天底下最好的食物，让她享受让所有女人羡慕的生活”。为此，男人不分昼夜地奋战在外，男人把自己的这种表现称之为大爱。但是，令人遗憾的是，也许他们所做的这一切根本就不是女人想要的，即便有时女人会对优质的生活产生幻想，**但真正能让她深觉快意的，可能仅仅是男人给她的一句关怀问候、一个深情拥抱，抑或留在她身边陪她看一集肥皂剧。**

有这样一个事例：一个妻子对事业无成的丈夫越来越不满，以至到了要离婚的地步。在第二天去办理离婚手续的路上，下起了雨，在一段泥泞的道路上，丈夫看一眼穿着凉鞋的妻子，叫住了她。当妻子不明就里时，丈夫快速跑到路边，搬起几块大石头均匀地铺在了泥泞的路段上。“走吧，这样泥巴就不会钻进脚趾缝了！”丈夫说完，自顾自往前走了，妻子却一下子热泪盈眶。她最讨厌下雨天，最讨厌走泥泞的路，她以为丈夫从未关心过自己，没想到他会记住这个细节。其实细细一想，丈夫一直在为改善他们的生活做出努力，而她耿耿于怀的却仅仅是丈夫的不成功。她突然觉得住洋房、吃山珍海味根本没什么了不起的，比起丈夫这雨天铺在泥泞地里的石块，其他一切都不足挂齿。她踌躇良久后，从身后叫住了他。“回家吧！”她说。

男人会说，女人都很虚荣，即便她们一开始能接受跟男人吃路边摊、穿廉价衣、住合租屋，但很快她们就会虚荣心大发，她们要住大房子、吃大餐、穿名牌，她们的需求就像无底洞，你填满一样，她们又要求另一样。能达到要求还好说，一旦达不到，她们就要拿那些成功人士刺激男人，那样子俨然就在说:“瞧你多窝囊！”女人的这种虚荣时常将男人的心打入地狱。

其实，这就是男女相互不了解而产生的误解。很多时候，女人渴望的高档生活是她希望从男人那里看到希望，看到他正在为提高他们的生活质量而做出努力，不管最终实现与否，她都会为男人在用心改善他们的生活而感到高兴。

可见，对女人来说最终的结果并不重要，重要的是男人的心意。男人的这个心意通常决定着女人的幸福。比如过生日，礼物是否贵重并不重要，重要的是你是否记得她的生日；在她生病时，买多少贵重的补品也不重要，重要的是你能否对她嘘寒问暖与陪伴；当你犯错误时，说多少好话、赔多少不是也不重要，重要的是你下不为例的诚意。

如果男人把女人当成孩子一样，体察她情绪的微妙变化，给予她无微不至的关爱和重视，只做好这些小事，女人的幸福感就会达到顶峰。

至于女人，更多的是要给予男人赞同和信任，对他为这个家所做的一切说一声“谢谢”，支持、鼓励他的所作所为，欣赏他对整个家庭的未来规划。你只需对他有足够的信任，并随时附上你的赞美和感谢之情，男人就会为女人的幸福赴汤蹈火，因为他从女人这里得到了满足感。

点滴的小事就能改变僵硬的局面，所以，在两性相处过程中，当你为你们不太融洽的关系找不到解决方案时，不如先从一些小事中寻得突破。想想看，你有多久不曾拥抱你的另一半了？有多久不曾对他嘘寒问暖了？有多久不曾牵着他的手一起散步了？又有多久没有帮他做一些他已经厌恶至极却不得不做的事情了？让你的另一半幸福快乐其实并没有那么复杂。与其绞尽脑汁地想怎么讨好另一半，不如从一些小细节入手。

4 投入是幸福的开始

几个月前，一位女士写信给我，内容大致是这样的：大学时，她跟小A一见钟情，为表示对这份感情的重视，恋爱期间，她每天最早起，买第一轮出锅的包子，热热乎乎送到小A寝室。为了给小A买考研的资料，她毫不吝啬花掉了自己三个月的生活费，为此她不得不吃三个月的泡面，她说至今害惨她的胃病就是在那个时候落下的。大学毕业后，为了跟小A在一起，她放弃了父母为她安排的优越生活，到一个偏僻的小城做了打工妹。为供这个男人读完博士，她在最美的年龄，几乎未曾为自己买过一件像样的衣服。她为了这个男人几乎倾尽了所有，可是让她万万没有想到的是，自己在对方那里只不过是一块“垫脚石”，等他拿到了去美国继续学业的全额奖学金后，就从她的生命里消失得无影无踪。

这位女士接着又讲了她的第二段感情，如第一段感情一样，她觉得自己付出了一切，可偏偏对方又是个负心汉。

“我相信在未来的某个日子，当他们回忆跟我的这段感情时，一定会无比后悔。我相信，离开我是他们这辈子做过的最愚蠢的事情，是最大的损失！”

我在过去的几年收到了很多类似的信，信中多数人都在沉痛历数自己付出的一切，不停责骂对方的有眼无珠和见异思迁。

当然，最后她们也会附上问题：“为什么受伤的总是我？”“为什么我遇到的总是这样的混蛋？”“以后该怎么做才不会被人甩？”……

我很同情她们的遭遇，看得出她们是看重每一段感情，并希望最终能修成正果的。只是，从她们细数自己付出的一点一滴中不难看出，她们在付出的同时，总是期望着能得到同等的回报。因为需要对方的回报，所以，她们才会对自己的所作所为记得那么清楚。可糟糕的是，在感情中，我们越是苛求得到回报，往往却适得其反。

多数人的心理都是这样：**你对我好，我是看在眼里记在心上的，不需要你强调暗示，如果你非得要我的回报，那对不起，你还是把你的付出拿回去吧，反正我也没强迫你这么做。**

所以，**事情的常态就是，你越是想要得到对方的回报，通常越是得不到。**

感情其实跟养花养草是一样的道理，需要的是全心投入和不求回报。我们因为喜欢一种花而把它栽植在家，每日浇水、施肥、除草，希冀它在自己的呵护下枝繁叶茂，我们一开始养这盆花不是为了让它立即开花供自己观赏才养它的吧。养花情趣在里面，付了心血，尽了全力，一年年过去，某一日它开了花，一夜间开到荼靡，那才是真正的满心喜悦的收获吧！如果抱着某种目的、某种回报去栽培，即便花最终结了果，你所尝到的意外和幸福也是寥寥无几的。感情跟栽花也是一回事，把自己的情趣加进去，努力经营，全心投入，不去想自己的付出能得到怎样的回报，让自己做到全心全意、问心无愧就好了。

若对方跟你同心，自然会加倍珍惜、加倍回报；如若对方无意，但也有被你这份心意撼动的可能，即便最终他离你而去，那也只是你们的缘分太浅。他走了，成了你生命的过客，你们之间感情的结束也就意味着你生命里最重要的那个人即将到来的无数种可能。

不管是短暂的感情，还是经历漫漫长路结束的感情，我们一旦准备着要去开始了，就要好好爱，全心全意地爱，不求任何回报地爱。投入需要你用心、用力、用技巧才行。把你的真心交给对方，力所能及地帮他做他需要的事情，花点小心思投其所好，不盲目、不自以为是，不受外界影响，不给对方压力，轻松自如、欢快无比地相处，才是投入的最高境界。

5 相信彼此的承诺

当今社会，男人的承诺在女人那里似乎受到了严峻的考验。有这样一种声音从不同的地方传来："男人再也不会那么看重他们的承诺了，恋爱前和恋爱后、恋爱时和结婚后、结婚后和生完孩子，男人在前面做过的承诺，到了后面早已忘得一干二净了！"

于是，不管男人做出什么样的承诺，女人都开始持怀疑态度了。

男人说："我会一辈子对你好的！"女人怀疑了，但凡遇到男人对自己不好的时候，女人就会搬出男人先前的承诺来，狠狠批判他的言行不一。男人说："相信我，我一定会让你过上好日子的！"女人只是产生了片刻的感动，很快她们会给出这样的回答："等你让我过上好日子，我可能牙齿都掉光了！"男人说："等过阵子我带你去其他国家看看！"如果男人最终兑现了承诺还好，如果没有，女人会将这事随时翻出来，作为反面教材，数落男人是多么不靠谱……

女人有理由数落，因为她们说的都是事实，是有凭有据的。在她们看来，翻出男人的陈年旧账，是在帮他提个醒，告诉他女人不是好敷衍的，她们是多么重视他的承诺，哪怕是一个微不足道的承诺。

只是，她们从不知道，男人最讨厌女人不相信他们。在男人看来，他们一言九鼎，给出承诺时也是真心实意的，之所以不能兑现，也许有不能兑现的理由，或者是他们确实忘记了。他们期望的是，女人能信任他们，能对他们的承诺给予感动和感激。即便他们未能兑现，也希望女人用一种宽容的态度对待他们，而不是剑拔弩张、处处挑刺。

李晓和张子枫结婚五年了。在这五年间，不知道张子枫为李晓做出过多少承诺：恋爱时说，等结婚了会把工资卡交到李晓手里；结婚时说，等条件好点会给李晓买一个更大的钻戒；第一个结婚纪念日，他在外地，打电话说下一个纪念日他一定会陪她好好过；生孩子前，他说要给李晓买一款超大号的黄金脚链，把她永远拴在自己身边……除此之外，还有更多小之又小的承诺，比如周末家务他全包了，每周帮李晓带一天孩子，李晓累得不想动时他给李晓打洗脚水，帮李晓充值话费，等等。承诺很多，但真正兑现的屈指可数。

李晓一开始真的很生气，她以为对方根本不重视自己，才会那么轻易承诺，又那么轻易忘记，所以，在张子枫又做出一个承诺时，她会眼含鄙视地看着他，说道："得了吧，你上一个承诺还没有尘埃落定呢，现在又给一个，能实现得了吗？我看你还是少开空头支票，免得我对你更加失望。"张子枫听到这样的话，非常尴尬，讪讪一笑，不再说什么。

原本李晓以为对方听了自己的话会反思，没想到张子枫不但没有愧疚之情，反而在接下来的几天里情绪变得非常不好，对她也是爱搭不理的样子。李晓知道感情的事不是一个人的事，幸福也不是别人给自己的，而是自己努力争取的。如果不断地挑另一半的刺，总是咬住他的弱点不放，最终会伤了对方的心，自己也不幸福。想到这些后，她走到张子枫面前，向他道歉，并握着他的手说："因为相信你、看重你的承诺，我才会在你兑现不了的时候那么失望。我知道你工作很忙，每天被很多问题纠缠，我相信你是记得这些承诺的，只是力不从心，我应该相信你，终有一天你会一一兑现的。即便兑现不了，我也不会怪你，毕竟比起这些小事，还有更多更重要的事需要你重视。"

听李晓这么一说，张子枫情绪立即好了起来，他自己也不好意思，觉得给了承诺又未能及时兑现。他拥抱着她说："再相信我一次，以后我会把所有给你的承诺都补上，一个不落！"

相互理解，彼此珍惜，才能赢得甜蜜的爱情。其实相比最终的兑现，**男人能给出承诺，足见他是重视你的，是希望你能信任他有能力兑现承诺的。**如果在他郑重其事地给出承诺时，女人能说一些更贴心、更鼓励人的话，男人会觉得自己的幸福感一下子提升不少，对于这个承诺他会记得更深刻一些。如果女人不相信男人，在他需要鼓励和感激时泼冷水，表示怀疑，男人自会主动忘记这个承诺。

晓梅在跟先生相处的几十年时间里，先生也曾给过她很多承诺，当兑现的日期到来而他迟迟没有行动时，晓梅选择了忘记。后来的某一些日子，先生突然就把他曾做过的承诺一一兑现了，这让晓梅非常惊讶，先生说的那番话更让晓梅吃惊，先生说："谢谢你，老婆，在我没有能力兑现自己的承诺时，你没有指责我，没有冷嘲热讽，更没有借着一些事耳提面命地提醒我。你保留了我的面子，这让我很感激。现在我有能力兑现承诺了，虽然时间晚了点儿，但我要告诉你的是，我从未忘记过给你的那些承诺。"

6 每段感情都要有初心

我在给十多对分手的情侣做调查时发现，对于这段感情，他们似乎并没有正常、放松地去相处，更多的时候似乎是奔赴着某种目的而去的。有以下几则案例：

第一则：小苏和小林谈了半年恋爱就分道扬镳了，原因是小苏发现小林跟她谈恋爱，仅仅是为了一个赌约。当初小林对小苏是没有任何感觉的，只是听他的几个哥们儿说小苏难追，怂恿小林试试，如果能跟她谈恋爱超过一个月，他的哥们儿就每人输给他五百元钱。这一赌约的刺激，让小林对小苏展开了攻势，一番花言巧语加各种浪漫诱惑后，小苏答应了做他的女朋友。也许在相处的过程中，小林发现小苏确实是个不错的女孩，于是，他开始认真对待。但纸终究是包不住火的，得知真相的小苏毫不留恋地选择了分手。

第二则：小赵和小杨恋爱的时间比较长，但最终以分手收场。小赵是农村的孩子，毕业留在城里后，就一心想找个城里人，改变自家世代为农的命运。所以，当家境殷实的小杨向她抛出爱情的橄榄枝后，她没有任何犹豫就答应了。爱情毕竟不是交易，小赵原本对小杨是没有任何感情基础的，这场恋爱关系对她来说自然走得特别艰难。小杨自然也不是傻子，他看得出小赵眼里对自己的敷衍，每次在他表示亲昵时，小赵都会选择逃避。小杨原把这当成对方的欲擒故纵，但时间久了，从对方不冷不热的话语和僵硬无爱的举止中，他明显感觉到了郎有情、妹无意的意思。三年时间，小杨对小赵的那份喜爱终究在对方不太积极的回应中消磨殆尽了。虽然他们最终以分手结尾，但三年时间带给他们彼此的损失是无法估量的。一个精心打算却让自己苦不堪言；一个爱了不爱自己的人，浪费了感情，身心俱疲。这件事对他们以后的感情生活或多或少都会留下阴影。

第三则：早些年，我在一家出版社担任总编时，有一位女同事有一段时间总是请求我帮她提前预支薪水，并总是不定期要请几天假，因为她确实工作努力，能力也出众，我满足了她所有的要求。原本以为她领了薪水是有要事处理，后来才知道，她是在拼命赚钱养活她跟她的男友。

她的男友原本是一名建筑师，后来因为一场意外，断了一条腿。这位女同事不但没有嫌弃他，反而全权负责起了他的饮食起居，每月提前预支工资的时间正是她带他去医院做康复的日子。办公室其他人得知她的情况，都觉得她很傻，一般人遇到这种事躲都躲不及，她倒是主动贴上去。但我这位女同事的回答让我非常佩服，她说她是真心喜欢那个小伙子，为他做什么都是心甘情愿的。而且在做这些的时候，她感觉自己很幸福、很快乐，即便有时也会觉得很累、很艰难，但只要看到对方，她便觉得一切都是值得的。

当然，后来的情况变得有些复杂。在她的精心照顾下恢复得很好的男友，在与朋友相聚的酒会上喝多了，并与一位女性有了沾染。没想到这位女性患有性病，男友遭了殃，这位同事自然不能幸免。在男友背叛自己又给自己的健康带来隐患的双重打击下，这位同事一时间变得非常消沉，但让人惊讶的是，她并没有选择离开他。这次大家觉得她真是懦弱极了，甚至有人暗自嘲笑。但这位同事的回答一样让我震惊："现在我依然很爱他，没办法离开。因为爱他，我可以包容他的一切，哪怕像今天这样的事情。当某一天不再爱他时，即便他拿出一百分的真心，也不能留我一秒。"

同事的这番话让我感慨良多。我们身边总有分分合合的男女，他们过得非常辛苦，恋爱时他们要不停地大倒苦水：瞧，我为他付出那么多，他又为我做过什么？在我需要他时，他又在哪里？他不懂得担当和责任，凡事都推给我一个人扛，我看他的能耐就是跟我吵架，跟我较真，跟我吹胡子瞪眼，你不仁休怪我不义……

这么一想，爱情就变成了一杆秤，你付出一两，我也付出一两，谁也不愿多加一丝一毫，唯恐一失衡，带给自己巨大的损失。爱情就像花草需要爱来做养料，各自施与那么少，爱情终将以枯萎收场。

分手了，原本是彼此放了手，可偏偏对那个人的愤怒总要跳出来：就是他浪费了我那么多年的青春，轻贱了我那么多的付出，折损了我对爱情的期望，让我变成一个不相信爱情的人；他对爱情什么都不懂，走着瞧，看他以后能过得多好……

就算大家友好分手，又会说"因为彼此性格不合，脾气不合，想来他可能不是我喜欢的类型"等做借口。其实，所有的借口归结起来不过一句话：爱得不够。

如果我们把爱情比作一团雪球，恋爱的双方每个人都用点力的话，这个雪球自然会越滚越大。如此，爱情会充盈你生命的每一个角落，恋爱中的我们因为这爱的滋养，会变得更加幸福。如果谁也不愿多付出一点，总是要找各种借口来平衡个人的得失，眼睛死死盯住对方做过什么、没做过什么，到最后，我们眼里的爱情会变成一团怨气，再也没有丝毫的美妙可言。

7 男女的需求大不同

一位朋友愤愤地对我说:“我的丈夫简直不可理喻,他在很多事情上都没有我判断准确,我提醒他时,他总是拿各种理由反驳,还嫌我啰唆,可事实是,他的判断没有一次是准的。原本事实摆在眼前,你还不能说他,稍有抱怨,他就摔门而去。你说怎么能有这样的男人?有时候想想真是没法过了。”

正如我前面一直说的,**女人的抱怨是有凭有据的,她们觉得自己有理由抱怨,可事实上这种抱怨虽然有理有据,但并没有改变什么,反而令男人离她更远。**

女人所不能理解的是,错了就是错了,难道还需要对男人的错给予夸赞吗?如果连反思和接受批评的能力都没有,还算是男人吗?

可问题是,男人和女人内心的需求是不同的。我们往往以女人的思维来判断男人的内心,以为男人应该怎样,但那只是女人的一厢情愿,男人往往有着自己的主意。

男人的需求通常是这样的:**相信我、崇拜我、赞美我、鼓励我、接纳我、包容我。**

女人的需求通常是这样的:**宠爱我、关注我、理解我、安慰我、忠于我、迁就我。**

这就是男女各自不同的六点需求。

在男人看来，无论他们做什么，期望的都是别人能充分信任他们，认为任何事交到他手里都是万无一失的，他们会因为这种信任而干劲儿十足。不过通常的问题是，女人并不知道男人的这一需求，所以她们出于对对方的关爱，难免会在男人做一件事情时，千叮咛万嘱咐。可糟糕的是，不嘱咐还好，一嘱咐，往往适得其反。

小兰的丈夫李先生每次出去帮她买东西都会买错，于是，下次小兰还有需求时总会对先生千叮咛万嘱咐，买什么类型的、哪个牌子的、什么样子的等，只差画个样图给他了。可即便这样，先生买回来的东西依然不是自己想要的，小兰自然很生气，抱怨自己费了那么多口舌，对方却一点儿都没放在心上。可是此时的李先生，不但没有抱歉之心，火气反而比小兰还大，扔下东西，摔门而去。等到下一次小兰让他帮忙买东西时，他会冷冷甩下一句："我什么都干不好，你自己去吧！"说完自顾自地看报去了，气得小兰几乎吐血。

之所以走到这个地步，关键问题是小兰没有抓住先生需要被"信任"的心理。当你对另一半有需求时，就要把充分的信任权交到他的手里，你给他的暗示应是：我相信你会把这事办好。基于这样的鼓励，男人才会尽心尽力地去做好这件事情。你想要他帮忙，又不太信任他，殊不知，叮咛间已伤了男人的心。

除了信任，男人还需要被崇拜、被赞美、被鼓励。他们觉得，作为男人，他有孔武有力的双手，有宽厚的肩膀和敢于担当的心脏，只要女人需要，他们就会张开自己的双臂，给她们安全和温暖，仅凭这一条，男人就觉得女人有理由崇拜他们。不管他们做的事情是大还是小，如果女人能时不时地给予赞美和感激，他们的干劲会更足。当然，他们也知道，自己是人不是神，也有做错事的时候，有犯错的时候。这个时候，女人最好不要对他们冷嘲热讽或者唠唠叨叨、不停抱怨，而应该学着包容。

实际上，对他们来说，没把事情做好已经够没面子的了，如果女人还要唠叨、打击，他们就有种无地自容的感觉，强烈的自卑会产生无止境的愤怒，所以在他们做错事时，女人休想通过抱怨得到他们的反思和抱歉。

聪明的女人在男人做错事时，不是打击他、抱怨他，而是鼓励他，再次相信他能把问题解决得很好。在这种情况下，男人才能正视自己的错误，真正反思，并最终对女人的包容充满感激。

男人在恋爱或结婚后，会把最原始的样子展现在女人面前，他们会随便丢弃臭袜子，会穿着短裤、光着膀子斜躺在沙发里看球赛，如果一时周公来袭，会流着口水打着响雷，形象全无。他们自认为没必要在女人面前藏着掖着，女人如果真爱他，就该接纳他的一切。所以，当女人抱怨他们卫生习惯太差，睡觉不安分，做事丢三落四时，他们就会表现得特别郁闷，甚至大有抱着被子分床而睡的冲动。他们始终觉得自己能接受的就是女人的温言细语、包容体贴，凡是对他们挑毛病的事都是他们接受不了的，即便是他们真的错了也不行。

女人的心理需求是：我是女人，我有着女人的柔弱。因此，她们希望男人关爱自己，她们渴望男人每天都有电话和信息询问她们是否吃过饭，身体是否无恙，心情是好是坏，有没有想吃的东西，钱够不够花，最近有没有看上什么好看的衣服等。女人需要男人通过一些细节来表达对她们的疼爱。

女人的焦点心理使得她们也常常渴望即便有仙女下凡，男人的关注点也还是在自己身上，始终能把自己当成手心的宝对待。唯有如此，她们才会加倍地对男人好。

女人时常觉得男人不理解她，她们期望男人倾听她们的心声，能感同身受，并表示理解和同情，而不是妄下论断，随便敷衍；女人唠唠叨叨说着她们的不容易时，男人更多的是能安慰她们，能给她们一个理解的拥抱；即便她们犯了错，男人也不要揪住小辫子不放，而要迁就她们，不去取笑，更不是觉得丢了他们的脸，希望男人能始终跟她们站在一起。

另外，天生缺乏安全感的女人，常常害怕另一半的出轨和不忠。在她们眼里，男人的忠诚比什么都重要，所以，与男人相伴终老的路上，女人最大的愿望就是男人能一直忠于自己。男人的忠诚会不断提升女人的幸福感，也使女人产生“这个男人值得我一辈子珍惜”的心理暗示。

所以，在两性的相处过程中，如果我们能牢牢记住男女各自不同的六种心理需求，不去触碰彼此的禁区，爱情天长地久也不是没有可能。

8 放下区别心，拥有全世界

我在这么多年的两性关系研究中发现，十对恋人中，有九对都会对自己的伴侣产生不满，并时常觉得别人的伴侣各方面都胜过自己的另一半。他们不但逢人便说自己另一半的种种不是，还时常对着自己的另一半说出这样的话：“你瞧瞧你，一无所有，干什么都不成功，看看别人，人家怎么就能做得那么出色？”这种话大概是爱情里最大的杀手，不懂事的你以为说出了实情，可对你的另一半来说却是毁灭性的打击。

小婷跟小张是大学同学，小张对小婷一见倾心，但是小婷心气高，看不上普普通通的小张。一晃八年过去了，小婷在经历了几场无果而终的恋情后，才把注意力放到始终对自己不离不弃的小张身上。只是婚后，小婷越发觉得小张的普通，他不会待人接物，工作能力一般，家境又差，日子清苦一点也就算了，小婷总觉得看不到希望。如此一来，小婷看小张哪儿都不好，怎么看怎么不顺眼，再看看同事朋友们的老公，个个都很厉害，有的是公司老板，有的是企业骨干，有一些则在政府部门干得风生水起。再返身看身边这个头发乱糟糟正给自己打洗脚水的男人，简直就是个另类。心里一酸，小婷就开始不停找小张的碴儿："为什么吃个面条都要出这么大的声？""你能不能把皮鞋上的灰好好擦一下啊？""就你这点出息，看来以后的日子真没什么指望了！"不管什么场合，小婷只要自己看着不爽，就要对小张一通数落，弄得腼腆的小张变得更加自卑。

小张一开始还能忍耐，但终究还是到了忍无可忍的地步。有一天，当小婷因小张弄丢了五十元钱对他大发雷霆时，小张终于爆发了，他说："这么多年来，你从来都没有把我当成一个真正的男人看待过，你总是拿我跟其他男人做对比，觉得我哪儿都不如别人，你不停抱怨，好像嫁给我遭受了多大的损失一样。我一直不停地改变自己，希望有一天能变成你真正想要的那个样子。但这么多年来，你所看到的只是我身上不具备的，却看不到我的努力。今天我终于明白了，从一开始你就把我跟别的男人区别开来，你带着对我的成见与我共处，所以，我再怎么努力也达不到你的标准。现在我放手，还你自由，祝你早日觅得如意郎君！"小张说完这些话，拎起行李箱头也不回地走了。

小婷一开始也没意识到自己哪里错了，但随着时间一天天过去，她终于知道是自己一直拿着放大镜在看小张，把他身上的缺点无限放大，却忽略了他身上别人没有的优点。

小张虽然能力平平、相貌普通、家境一般，但也有他自己的优势，比如对人和善可亲、对妻子体贴周到、对工作认真负责，他还画得一手漂亮的画，只是经常被小婷打击说不务正业才搁笔不画罢了。其实，如果小婷一开始能无限放大他的这些优点，不去计较他的缺点和不足，也许他们会过得非常美满。只是她的区别心不但让自己过得不快乐，也生生毁掉了自己的婚姻。

区别心即对人或者事情有自己的成见。人的区别心随处可见，而在两性生活中，随着相处时间的延长，我们对彼此的区别心更加明显。我们总在想：为什么我的另一半就不能像我一样，分担家务、对人热情大方、做事干净利落、会赚钱、头脑灵活、方向感强，无论去哪儿、干什么都能一步到位呢？实质上，有的时候，我们自己都未必能样样做到精致，却总苛求另一半凡事都能做到完美。一旦不能遂愿，我们就会恼怒无比。

女人说："我就知道你会一事无成！""瞧你那德行，我还能指望你什么？""这辈子你也就这点出息了，躺在沙发上睡你的大觉吧！""某某家的男人三十岁就腰缠万贯了，瞧瞧你，都四十的人了！""你这么唯唯诺诺的还是不是个男人？""你这辈子注定就是个穷光蛋！"……

男人说："你怎么穿什么都这样？这让我在朋友面前很丢脸！""你看某某媳妇，你该多向人家学习学习怎么穿衣打扮！""你怎么就这么笨，这条路都走了上百回了，还记不住！""就你写的那些东西，给我钱我都懒得看。""跟你说多少遍了，你怎么还这么做！"……

这些话句句直戳人心，我们以为自己在帮对方，殊不知这些话都是爱情的毒药，说得多了，爱情也就淡了，心与心之间的距离也就远了。

有的时候你为了打击另一半，而去夸奖那个在你的生命里无足轻重的人；而现在你厌恶的、打击的、讨厌的人，却决定着你人生的幸福。

既然如此，我们为什么就不能放下自己的区别心，以正常的眼光看待你的恋人呢？其实人与人之间没有太大的差别，差别的产生往往就在你的心里。**把你心里看不惯的那个他拔除，仔细地、不带任何情绪地去审视你的另一半，你会发现他实际上是个不错的伴侣。**

9 不可或缺的安全感

晓静觉得自己最近好像患了抑郁症，心里总是产生莫名的焦虑感，感觉自己的爱情正濒临瓦解，她的另一半会离她而去，虽然一切看起来风平浪静，但她隐隐感觉，一股暗潮在她跟她的爱人之间慢慢涌起，大有将两人的关系击得七零八落的趋势。

晓静害怕，她觉得自己的情绪糟糕透了，她不能将这种情绪说给她的另一半听，也找不到合适的人倾诉。她极力地压抑自己，有时无人时她会大声地喊叫两声，因为这样她才会感觉压抑在内心的那团东西稍微消散了些。

有一天，她在跟我聊天时吐露了心声："我知道，很快我们之间的感情就会瓦解的。也好，结束了说不定是一种解脱。"

两人的感情表面看起来没太大问题，可晓静为什么会产生这么糟糕的情绪呢？一切皆因女人的安全感得不到满足。

男人常以为只要把女人娶进家门就是给了她最大的安全感。殊不知，女人的情绪常常处于起伏不定的状态，对她们来说，**情绪变好的方法是男人的持续稳定的爱**。她们要不定期地感受来自男人的关怀和体贴，需要他们的承诺和付出。如果男人只是自顾自地忙自己的事业，或者陷在自己的情绪里，不去理会和理解女人的需要，女人就会产生严重的不安全感。她会以为她跟另一半的感情可能出了问题，男人正在用工作麻痹自己，他们正在经历一段残酷的考验，以为对方即便有心事也不愿意跟自己分享，也许很快，男人就会另觅他人，而她有可能就此成为被抛弃的对象。

当然，**女人的不安全感也来自她对自己的不信任以及对这份感情的不确定**。她无法确定这份感情是否值得她继续，她更害怕继续下去自己最终受到的伤害会更大。她对这段感情的未来趋势总持有悲观的态度，这往往会折损她在这份感情中所享受到的幸福。

我在询问晓静产生不安全感的原委时发现，原来她跟她的先生从来都不知道男人和女人有什么实质性的差别，互相都做不到谦让，所以导致情感出现裂痕。

晓静的婚姻生活看似风平浪静，其实都是假装给别人看的。只有她和先生明白，他们之间有问题。晓静说，以前还好，自从有了孩子，他们之间就再未达成过一致，先生只是按照自己的想法考虑问题，而晓静则更多是为孩子、为整个家庭考虑。三句话说不到一起，他们就开始吵，吵架的结果是实质性的问题没有解决，两人却都气得半死，接着又开始闹冷战。晓静后来觉得这样的吵架方式太伤神，又伤心，所以，就不愿意再跟对方吵架了，遇到问题能顺其自然就顺其自然，不能解决，就丢下不管，反正她的想法是坚决不跟对方吵，对方爱吵就自己吵吧！时间久了，对待婚姻中的很多问题，两人都变得很消极，感情也不似从前，下班回家各干各的事，自己心情不好时也懒得跟对方说。

当一个人对另一个人不再敞开心扉时，这段感情也就岌岌可危了。

表面的平静并不能掩饰内心的慌乱。看着忙着工作，晚上很晚下班，回家后跟自己也没什么话说的先生，晓静内心的不安全感一阵阵袭来，加上两人工作都不稳定，漂泊无依带来的恐惧让晓静的不安全感更加严重。

对一个女人来说，**安全感决定着她在一场恋爱中的幸福指数。不管是女强人还是柔弱单薄的女人，无一例外的都需要安全感。女人对安全感的需要会随着她们结婚生子而一天天加重。**

男人以为婚姻就是他给女人最大的保障，那就大错特错了。

对女人来说，婚姻就像她的幸福天堂，一旦进入婚姻，不到万不得已，是不能回头的。于是，她押了最大的赌注，让自己没有回头路。于是她一路战战兢兢、小心翼翼，如果她的另一半足够贴心，无论从物质还是情感上都能给她保障的话，她的不安会慢慢消散；但如果另一半只是看重各自的感受，不去理会女人的需求，也无法给她安定的生活和可以展望的未来的话，就会滋生女人的不安全感。

女人一旦缺乏安全感，又久久得不到男人的理解和关爱时，就会变得高度敏感，情绪起伏不定，容易生气发怒，芝麻绿豆大的事情也会被她看成最为要命的事情。缺乏安全感的女人容易破罐子破摔，她们先通过恶劣的情绪向男人抗争，然后又开始变得沉默消极，慢慢地，便失去继续经营婚姻的想法。

男人如果想继续这段婚姻的话，就要努力关注女人的这种情绪变化，当她没完没了地唠叨，或者突然保持沉默不愿再跟你据理力争，或者情绪变得糟糕，不爱理会人，无论头疼脑热或者心情欠佳都不愿告诉你时，可能正是女人身处情绪低谷，安全感尽无的时候。这个时候，男人就要拿出比平时更多的耐心，先用语言关心她，如果她不愿意敞开心扉，就帮她做一些力所能及的事情，如做顿饭、打扫卫生、洗衣服等。如果有必要，可以带她出去逛街或者吃点好东西，牵着她的手或者搂着她的肩，尽可能地做到体贴和温柔。

对于一个处在情绪深渊的女人来说，男人的理解和爱是给她的最好礼物。当然，女人的这种不安全感并非因为男人的一次转变就会消失得无影无踪，实质上，它会不定期地出现。作为贴心的伴侣就得时时拿出自己的耐心和体贴来才行。

男人常会说:“我到底怎么判断女人是否处于不安全感阶段呢？”其实，无须判断，男人只需把更多的关注点放到女人身上，多与她们交流沟通，无论话语还是行动总透出温暖和情谊来。解决爱情和婚姻中的问题，比起各种绝招或方法来，男人的爱才是根本良药！

10 曾经的“霸气男”与“温柔女”

英国一家杂志社对两千多对情侣的调查发现，有95%的女人觉得她们的另一半恋爱前和恋爱后变化很大，有一大半的人甚至认为她们的情侣在恋爱前和恋爱后判若两人。90%的男人认为他们的另一半刚开始恋爱时都表现得通情达理、温柔体贴，但随着交往的深入，她们会变得爱唠叨、喜欢抱怨和生气；另外，有10%的男人觉得，恋爱前和恋爱后，婚前和婚后，他们似乎都在跟不同的女人相处一般，越到后来他们对女人越失望。

跟这项调查结果一样，我在对身边很多情侣和夫妻做调查后发现，恋爱初期，男女对他们的另一半都是100%满意的。只是等到了解日渐加深，或者进入婚姻阶段后，男女双方对彼此的不满会越来越多。这其中，女人对她们另一半的不满要远远高于男人。

在女人看来，男人恋爱或结婚后，突然间就变得很懒惰，他们对自己漠不关心，对整个家庭承担的责任少之又少，他们一心扑在自己的工作上，或者只知道看球赛、打游戏，完全不理会为家庭琐事而忙得焦头烂额的女人。

男人常说女人刚恋爱时又温柔又体贴，一旦结婚生孩子后就像变了个人，刻薄、尖酸、霸道、不讲理，还容易生气。很多时候，女人的温柔都是被男人的坏习惯和对家庭的冷漠消磨殆尽的。

其实，女人对男人的不满远远不止这些，而男人对女人的不满也是多得难以罗列。具体内容我们可以从以下对照表中了解。（编者注：下表不一定能代表所有夫妻婚前婚后的变化，仅为举例说明。）

性别	恋爱初期／结婚前	恋爱后期／结婚后
男人	霸气	窝囊
	殷勤	随便
	浪漫	无趣
	勤快	懒惰
	体贴	冷漠
	大度	爱计较
	幽默	直接
	有吸引力	平淡无奇
女人	温柔	刻薄
	通情达理	胡搅蛮缠
	善解人意	以个人感受为中心
	容易满足	欲壑难填
	爱说情话	爱唠叨
	很柔弱	爱逞强
	委婉含蓄	毫不掩饰
	矜持	随便
	……	……

为什么会有这样一张对照如此鲜明的表格呢？问题的关键在于，在爱情的最初，大家都被彼此的魅力冲昏了头脑，无论怎么看对方，都是完美无瑕的；后来，随着了解加深，彼此间的吸引力慢慢减弱，这个时候我们更多看到的不是对方的优点，而是不完美和瑕疵，并大有把这种瑕疵无限放大的嫌疑。

女人常常抱怨："当初我一定是瞎了眼才会找这么个男人！"男人怨气横生："原来你竟是这样一个不可理喻的女人！"女人和男人都以为他们的另一半在婚后变了，他们再也不是当初的那个霸气十足、充满吸引力的"霸气男"，也不是那个温柔可人、善解人意的"温柔女"了。争吵中，男人大声嚷嚷："我从来都没有变过，变了的是你！"女人则回击："我都是被你逼成这个样子的！"

其实，他们谁也没有变，只是通过深入的接触后，相互了解的双方把本性暴露出来罢了。当初，男人为了追到女人，尽其所能把最好的一面展露在了女人面前，女人被他们的魅力所迷惑，几乎忘记了仔细审视这魅力背后的真正本性；而女人自然也要顺应男人对自己的喜爱，把自己最温柔、最妩媚、最吸引人的一面展现出来，她们穿着漂亮的衣服，露出迷人的笑容，说话轻声细语，男人自然也被她们的外表迷惑了，以为她们永远都是这个样子。但是，就像大蒜被剥去外皮一样，男人与女人间的了解加深后，缺点、不足、怪癖等一股脑儿展现在了对方面前。

因为实在难以接受这样的落差，他们的内心充满了失望。他们惶恐不安地盯住对方，看还能糟糕到什么样子，当他身上的很多东西都让人心生厌恶时，彼此开始抱怨、唠叨、生气，试图改造彼此，女人要求男人做这个，不允许男人做那个。

但是，不管是男人还是女人都不喜欢受人指手画脚，即便是恋人。于是，被改造的人跳起来反抗，很快你又变成了他需要改造的对象，你们谁也不愿服从谁，相互揭短、彼此打击、面目狰狞，破罐子破摔，吵得暗无天日，最终累了、烦了，爱情、婚姻似乎也走到了尽头。

11 训练自己拥有双方视角的能力

晚上，小林向爱人小美示爱，可是小美假装不懂，钻进了卫生间，一番洗洗涮涮，等得不耐烦的小林最终只能沉沉睡去。早上，小林又向小美示爱，可是，亦如前一天晚上，小美依然反应冷淡，并以小林上班要迟到为借口，将他推出了门。

这事让小林很受伤，他觉得小美在拒绝他的爱，他不知道自己哪里得罪了她。想想他们最近也没有吵架，小美的状态也跟平时无异，可为什么要拒绝他呢？这事让他很烦恼。

至于小美，为什么要这么做呢？询问她本人后才知道，她感觉小林似乎不怎么爱她了，他对她的需求似乎仅仅局限于性，每次有需要他都是直奔主题，很少关心她的感受。久而久之，小美对小林的这种需求开始产生排斥。在她的内心里，需要的是除去性以外的一种单纯的、纯粹的关爱和喜欢，比如，他会搂着她问这一天她都做了些什么，是否有倾诉的事情，这会让她有打开心扉的欲望，她会跟他说很多话，对方不一定非得积极回应，只要能当好听众，感同身受就可以了。这才是她真正渴望的亲密。

小林和小美之间的问题，其实是大多数情侣、夫妻都会面对的问题。他们之所以困惑，是因为各自的需求和想法不同。在这里，如果我们把小美的立场换成小林的立场，他们之间的很多问题就很容易解决。

女人时常对爱情、婚姻没有安全感，但男人一旦确定恋爱关系或结了婚，就以为万事大吉，以为他们已经将对方牢牢拴在自己身边了。相比于恋爱初期，他们后来所表现出来的懒惰、让人抓狂的小癖好，以及对电视、游戏的钟爱都是他们对这段感情彻底放松下来的表现。当一个男人在你面前变得形象全无时，恰恰说明他已经对你们这段感情彻底放心了，认为你们的感情基于他这样的表现才会持久稳定。所以，这个时候，女人与其抱怨，不如理解和包容，并接纳他的一切，把你看不惯的眼神移向他值得肯定的地方，这才是爱情得以保鲜的第一要义。

在爱情中，男人表达爱的方式跟女人是截然相反的。**女人需要涓涓流水般持久永恒的关爱，但男人的想法却是他们一次性就能给够女人需要的爱。**基于这一想法的存在，男人会在某一天向女人表达很多关爱，说出很多甜言蜜语，满足她们很多需求。

当女人沉浸在这样的关爱中舍不得拔脚时，男人却早已抽身而去了。在接下来的很多个日子里，他只是忙于工作，或者热衷于做自己想做的事情，再难重演当日温情。这让女人觉得男人只是对自己献了一时的殷勤，然后再也不管她们的感受，她们有种被骗的感觉，甚至觉得男人只是在需要自己时才会对自己好。所以，当男人想要再一次表达对女人的爱情时，女人就会反应冷淡。因为各自表达方式不同，男女间的爱情终究因理解偏差而逐渐变淡。

另外，对于男人来说，性就是爱，爱就是性，他们时常把性作为爱的前提。但女人不同，当然了，男人不了解这点，他们以为性是他们给女人最好的爱，一些平时难以启齿的话，只有在性爱的过程中才能说出口，那种肌肤相亲、水乳交融的感觉才是爱的最高体现。所以，当男人需要性时，也恰是他们需要对女人表达爱的时候。

另外，男人的感情会不定期地进入一种冬眠状态，在这个阶段，他们会对女人反应冷淡，不愿跟她们说话，回家一进门就躺倒在沙发里，对女人的询问爱搭不理。这让女人很抓狂：我哪里得罪他了吗？他对我哪儿不满意了呢？他到底在跟我生什么气呢？

实质上，男人并不是对你不满，他们只是很累，不愿意说话，想要独自待一会儿排解一下压力。女人还需要明白的是，男人把工作时间和放松时间分得特别清楚，他们会在上班的时间尽力处理好一切问题，下班时间就会全身心地进行放松，除非真的有不得不处理的问题。他们在该放松时彻底放松，该工作时拼命工作，只要两者平衡了，自己的状态才会更好。女人与其为男人的态度冷淡生气抓狂，滋生各种猜想，不如就给男人一刻自己掌控的时间。等他们把自己的情绪调整好后，很快就会主动来找你的。

对于女人来说，无论是需要男人的爱，还是表达对男人的不满，都需要找对时机。了解以上男人的需求后，女人不妨就站在男人的立场上，给他们想要的，如此你才能胜券在握地掌握你们的爱情，让他跟你走得更近、更亲。否则，一味按自己的想法去要求男人，只会将他们推得远远的。

第三章

美满婚姻——婚姻是最好的修行

• 一个能从痛苦的旋涡中立即抽身的女人，才是真正爱自己的女人！

• 当女人越想把男人从他们的第三世界拉出来时，男人就越像背着壳的乌龟，将头紧缩进他们的龟壳里。

• 对于一个男人来说，再没有什么比女人的唠叨和挑剔更能摧毁他们自信的了。

1 学会和自己的情绪和解

一项调查显示，爱生气的女人，负面的情绪会累及她们的十二种脏器，其中，婚姻不幸的女人，更容易变丑、变老，而且更容易生病。

美国生理学家爱尔马为了研究心理状态对人体健康的影响，设计了一个著名的情绪效应实验：他把玻璃试管插在有冰有水（水温正好是零摄氏度）的容器里，然后收集人们在不同情绪状况下呼出的气体。

当一个人心平气和时，他呼出的气变成水后是澄清透明、无杂质、无色的，而人在悲痛时呼出的气变成水后有白色沉淀，在悔恨时呼出的气变成水后有蛋白色沉淀，在生气时呼出的气变成水后有紫色沉淀。爱尔马把人生气时呼出的"生气水"注射到大白鼠身上，几分钟后，大白鼠便死了。爱尔马由此分析："人生气（十分钟）会耗费精力，其程度不亚于参加一场三千米的赛跑；生气时生理反应十分激烈，分泌物比处于任何情绪时都复杂，都更具毒性。因此动辄生气的人很难健康，很难长寿。很多人其实是被气死的。"这位美国科学家告诫人们：人尽量不要生气。所以，我想对那些在婚姻里整日闹得鸡犬不宁、不停抱怨、动辄生气的女人真心说一句：你真的一点都不心疼自己。

一个能从痛苦的旋涡中立即抽身的女人，才是真正爱自己的女人！

我曾参加过一场婚姻情感研讨会，当时，邻座的一位女士指着我左手边第三个位子的一位红衣女士问："你猜她多少岁了？"我扭头对红衣女士打量了一番，皮肤紧致，眼睛大而有神，身材匀称修长。她的长相算不上惊艳，但因为做了细致的修饰，看起来非常有魅力，她的穿衣打扮也很精致。我心想，这一定是个养尊处优的女人，大概集很多宠爱于一身，所以整个人才会显得这么容光焕发。

“三十岁吗？”我回头问旁边的女士。

“这个数字！”女士伸了两次手指。“四十五岁”这个答案让我惊讶不已。

“人家可是有钱人的太太，吃的、穿的、用的都是高档的，你想能不年轻吗？”我身边的女士很自信地自顾自评论。

研讨会结束后，一个偶然的机会，我跟这位女士有了接触，也知道了她叫小敏。此时，我才知道，别人的评论只是别人的看法，真正让她青春永驻的，是她幸福的婚姻和个人乐观积极的心态。

她因为知道我一直在对两性关系和婚姻情感做研究，基于对这一课题的兴趣，主动找机会跟我聊了起来。后来她又带了她的一位朋友来拜访，说想请教一些问题。在聊天的过程中，我询问她是不是有一个特别温柔体贴的好丈夫。她的那位朋友心直口快地说：“才不是，他可是个又粗鲁、又不解风情的家伙。要不是小敏脾气好、心态好，早被他折磨死了。”

小敏笑笑，拍了一下她的朋友。

“早些年，他脾气确实不好，我经常被他气得半死。后来想想，他可是我的丈夫，无论他身上有多少缺点，只要我选择了他，就得接受他的不足。我如果总跟他的缺点过不去，不等于跟自己过不去吗？这么一想，我就不跟他计较了，反正那是他脾气的一部分，怎么抒发表达是他的权利。我不去看不惯，慢慢适应，等成了一种习惯，自然也就做到百毒不侵了。想不到，我不计较了，他自己倒也收敛了不少！”小敏的话匣子被她的朋友打开了。她在说这一切时，脸上始终挂着笑，让她看起来温柔无比。

“我老公没什么钱，也没权，我们是平民一对，一开始我还蛮嫉妒小敏的，可后来受小敏影响，看开了。别人过得再怎么好，那是别人的事，既然做不了一对大富大贵的夫妻，不如就做一对平凡快乐的夫妻，这么一想，心情竟然突然就变好了。以前我总是抱怨丈夫的无能，两人经常吵得天翻地覆，每次吵架一结束，整个人像是被抽空了似的，疲软无力，好几天都缓不过神来。再看看我的丈夫，还是平庸凡夫一个，没有任何改变。既然如此，我何必如此为难了自己，又为难了对方呢？后来，我就告诉他：'你就按你自己觉得最舒服的样子生活吧！'就这么一句话，竟然换来的是他的感激和努力上进的承诺，以往我们吵架时，可没见他有过任何承诺呢！”小敏的朋友接过话茬儿又说道。

她们的婚姻故事让我感慨良多。很多女人以为嫁什么样的男人就注定要过什么样的生活，其实，生活的好坏不是由你的男人决定的，而是由你的心态决定的。如果没有一个积极乐观的心态，不懂得爱自己，即便我们嫁得再好，也一样心不宽、眉不展。

对于女人来说，丈夫的爱、家庭的和睦、经济的独立才是幸福的保障。所以，一个懂得爱自己的女人，当然明白两利相权取其重的道理。

一个懂得爱自己的女人，不管嫁的是谁，都没有太多区别。嫁谁都一样，关键是怎样让婚姻变成一件幸福的事。

懂爱的女人，从不会愚蠢到拿男人的缺点来影响自己的情绪，更不会为了改造男人费尽心血。当然，她们也不会缺乏理智，为爱一个男人磨光所有的棱角。她们接纳男人的优点、缺点，这让她们看起来更有包容心，她们深知唠叨、抱怨、生气不但不利于解决问题，反倒会激化矛盾，在争吵中往往损失最大的还是她们自己。权衡利弊后，爱自己的女人就不会轻易地将自己卷入家庭纷争。

2 合二为一的两个人

小苏和兰子夫妻俩一起去逛街，兰子看中了一条价格不菲的牛仔裤，小苏劝她还是再考虑考虑。因为太喜欢，兰子执意买下了，并开玩笑说："我用自己的钱买，你不用太心疼啦！"可是小苏更加不高兴，板着面孔，不再跟兰子说话。兰子心想，我难得逛一次街，好不容易看到一件喜欢的，又没让你掏腰包，你黑个脸给谁看啊！这么一想，兰子也不高兴起来，逛街的兴致也没了，只能闷闷不乐地回家。

这事过去一阵子后，某天下雨，小苏打了兰子的伞出门，回家时伞被弄坏了一个角，兰子非常不高兴，说："干吗打我的伞啊，你的呢？"小兰说这话时根本没意识到小苏会爆发。

"你的、我的！凡事你都分得这么清楚，那你告诉我什么是我们共同拥有的？夫妻之间，对所有东西都应该有共同拥有权吧，你分得这样清楚，这是两个人一同过日子的样子吗？"

小苏的爆发，让兰子第一次认真地反思自己。结婚两年，她只是顺其自然地对待两人的关系，从未认真经营，也未曾想过如何将她跟小苏的关系发展到一种更为融洽、亲密、不分彼此的状态。她似乎只是将小苏当成了丈夫，但并没有当成亲人来对待过。她时常将"你妈你爸""我妈我爸""你的""我的""你家""我家"这样的词带进他们的婚姻生活中，她一直觉得这样说、这样做再正常不过。可让她万万没想到的是，小苏是这么介意。在小苏的想法里，夫妻就是合二为一的整体，是不分彼此的，你的就是我的，我的也是你的，好的一起分享，坏的一起担当，彼此关心、相互爱护，举手投足间感觉对方就是自己，自己亦是对方一般，这样的关系才是正常的、幸福的夫妻关系。

亦如小苏和兰子间的问题，很多夫妻的关系之所以冷淡、不幸福，很大一部分原因是太过区分彼此——你的就是你的，我的就是我的。你们是夫妻，却从不懂得何为分享；他是陪你走过生命历程最长的人，可你似乎觉得理所当然，从不对他这一路的相随给予感激和问候；你总是一脸冷漠，从不懂得嘘寒问暖；你在他最需要你的时候，却从未及时赶到过；你们之间，似乎是结伴而行，但又像在踽踽独行；他感觉不到你的温暖，你体会不到他的体贴，你们之间似乎总是有意无意地在对方面前立起一堵墙，永远将彼此隔离在无法穿越的地方。

我曾目睹一对夫妻为半个面包而分道扬镳。男人是个"吃货"，妻子的朋友从国外带来一个美味的面包，妻子分了一半给丈夫，留了一半打算给自己的父母，但是这位丈夫却不管妻子出门时的一再嘱咐，一口不剩地把另一半面包吃了个精光。回家后的妻子看着空空如也的包装盒，果断收拾行李离开了。她说："假如这是一块救命的面包，他一定会自己吃了，让我饿死的。他让我心寒，我必须离开他！"

小事情彰显大问题，也许妻子之所以心寒，并不仅仅因为这块面包，而是在日常的很多事情中，丈夫都不曾将自己的温暖和关爱传递给妻子，他只是自私，不管全家老幼吧！

有这样一个故事：丈夫每次洗完苹果，都会在两个苹果上各咬一口，然后再把其中一个递给妻子，妻子一直以为丈夫给自己的肯定是不好吃的。某天趁丈夫出去接电话的工夫，她偷偷咬了一口丈夫的苹果，才知道更甜的那个在自己手里。

幸福的夫妻，都是在彼此细微的关爱中天长地久的，就像上面故事里这对夫妻一样。

每一对夫妻，在走进婚姻殿堂的那一刻起，就应该意识到，从此以后你们就是不分彼此、合二为一的了，你们将在大部分时间里吃着一样的食物，经历着一样的事情，感受着彼此的心情，目睹着对方一点点在你身边变老。这一生，你跟他要度过最为漫长的时间，他的快乐几乎就决定了你的快乐，他的不幸自然也决定着你的不幸。你们要做最好的配合，就如同操控汽车的方向盘一样，你们就是那方向盘上的左右手，是向左还是向右，是快速转过去还是柔缓打过来，这一切的默契配合决定着你们的婚姻旅程是否一路顺畅无阻。

所以，经营一场婚姻，夫妻必须要有合二为一的意识，决不说“你的”“我的”这样区分你我的话，而要更多用“我们的”。关心你的另一半，就像在关心自己一样，在他不舒服、情绪差的时候，多关心他、安慰他；在他遭遇打击和失败时，多鼓励他，而不是嘲笑他；有好的东西一起分享，有坏的事情多帮忙分担。合二为一的你们只要携手，就能做你一个人做不了的事情。

3 婚姻中男人怕失败，女人怕孤独

我在多年的研究中发现，“离婚”这两个字在多数情况下都是由女人提出来的。虽然离婚的理由各不相同，但总结女人非要结束一段婚姻的理由，只有两个字——孤独。而男人之所以不会轻易提离婚，原因则是他们害怕失败。

女人是感性生物，尽管她们表面开朗、明媚，但内心的情绪总是起伏不定的。她们在参加一场聚会时，总是表现出欢快无比的样子，一旦曲终人散、人走灯灭，她们内心的寂寞和孤独会瞬间笼罩上来，回想刚才的热闹，内心会充满无限伤感。但男人们却很少有这样的情绪变化。

女人特有的情绪变化，使得她们总是渴望置身于热闹的氛围，身边总是需要时时有人围绕，嘘寒问暖，关怀备至，以此排解她们内心不断滋生的孤独和寂寞。婚姻中的女人比未婚的女人更害怕孤独，因为结婚的缘故，她们的交际圈缩小了，多数时间她们只能围着自己的老公、孩子和家庭转，家庭就是她们的天，丈夫就是她们的全部。

所以，当女人遇到开心的事情时，会第一时间跟丈夫分享。遭遇坏情绪时，如果分享的需求得不到满足，孤独感就会侵袭而来，她们深觉自己未来的人生会从此暗淡无光。她们没有朋友，没有倾听的对象，就连身边最亲近的人都不可靠，负面的情绪会瞬间将她们打入谷底，如果这种情绪长久累积，未来一旦爆发，对两人的婚姻必然带来巨大的伤害。

其实，细究婚姻中的问题，都是芝麻大小的事情。**通常情况下，男人能为女人做的事情是女人能为男人做的三倍以上，这个数字意味着，如果女人能够被更多地满足，她们就会更快乐。**但是，婚姻中存在一个杀手——女人总想扮演改造者的角色，她们内心有一套规范的做事标准，这让她们对男人的行为方式时常产生不满，于是，唠叨和抱怨成了女人的“标签”，当她们努力想要男人变成她们认为不错的样子，而男人又不服从、不改变时，她们会从一开始的情绪激动，慢慢变得消极无奈。她们觉得男人再也不爱自己了，他们再也不听从自己的了，他们已经跟自己越来越疏远，自己终究成了孤独的人。于是，女人会想：那么我就主动点，结束这名存实亡的婚姻吧！实质上，她们从来都没意识到，是自己把男人一点点推远的。

其实，女人不应该对男人妄下定论。对于男人来说，婚姻非常重要，不到迫不得已，他们是不会轻易离婚的，即便他们有了外遇，喜欢上了别人，但内心还是想维系原有的婚姻。当然，男人的错误在于，即便他们对自己的女人有爱，对他们的婚姻生活依然存有信心，他们也不太会轻易表达。

男人骨子里有着一种懒惰的情绪，这种情绪让他们在对待婚姻生活时，时常显得随随便便，尽管他们内心非常爱他的妻子、爱他的家，但表现出来的样子却仿佛漫不经心。这让他们的妻子时常以为丈夫对自己、对这个家漠不关心、冷冷淡淡。假如男人能时时处处给女人爱的信号，时常跟她们沟通，听她们讲话，帮她们排解情绪，夫妻之间的关系也许就会变得非常和谐。女人的孤独寂寞感会被赶走，男人面临婚姻破裂的失败感也就不会到来。

他们知道自己最怕什么，却不知道对方最需要什么。

4 平淡是所有爱情的归宿，却有真实的温暖

许多感情最终的归宿都是平淡，这是两性关系发展中再正常不过的走势图。

但是，就像刚刚让你品尝了一碗鲜香麻辣爽口的菜肴后，突然又吃一碗白水煮面条一样，早已习惯了前面鲜香的我们，无论如何也接受不了这味道的突然转变。当爱情回归了平淡后，我们无所适从，会惊慌失措地喊："他是不是不爱我了，为什么我们之间的关系会突然变得寡淡无味？"其实你错了，感情并非是一日就淡下来的，它就像一碗滚烫的开水，被一点点放凉了一般，你只是之前太过专注，而没有发现它的变化罢了。

十多年前，芳玲跟先生热恋后结了婚，婚后生活很幸福，可是自从有了孩子后，芳玲在某个清晨醒来，看着睡在沙发上的先生，突然觉得不知从何时起，他们的关系变得比一碗白水还要寡淡。芳玲不再清晨醒来为他挤好牙膏，而先生出门前也不再送给芳玲一个吻；他们各自忙着做自己的事情，上班不再给对方发短信、打电话，回家也是他看他的球赛，她盯她的电脑；偶尔他们为了某个话题聊起来，但很快先生就因为两个人看法不一致而不再继续，芳玲则因先生不顺从她的看法而心生闷气；芳玲在厨房忙活的时候，先生也不似婚姻初期那样从后面抱住芳玲，说一些“有你真幸福”之类的话，而芳玲也不再在先生下班进门时热情地迎上去。他们就像对待自己衣橱里的一件衣服一样对待彼此，需要时穿一下，不需要时就将它孤零零搁置在一旁。

恐惧一下袭来，芳玲想，接下来他们是不是会对彼此越来越冷漠，越来越无所谓，直至某一天再也找不到任何在一起的理由，不得不各奔东西？

所以，当先生当天晚上回来后，芳玲提出了跟他谈一谈的建议，芳玲说出了婚姻的平淡和自己的担忧，没想到先生竟非常惊讶，他说：“所有的婚姻最终不都是这样的吗？再说了，平平淡淡才是真，我自己倒觉得现在很轻松、很幸福，每天无须为了某种担忧做一些模式化的事，也不用多想你会不会因讨厌我而离开我，我们有着各自的空间和时间，做我们自己喜欢的事情。彼此都在对方心里，即便不去寒暄，它就在那里，谁也替代不了。如果爱情一开始的轰轰烈烈是一顿餐馆里的大餐的话，平淡的夫妻生活就是家常菜，大餐只是调味剂，生活的主色调还是家常菜，对不对？”

先生的一席话消除了芳玲的担忧。是啊，如果他们不能保持热情，

为对方做一些甜蜜温馨的小事的话，那么就得接受剔除一切修饰性的东西后，回归原始模样的平淡的生活。

一场热闹的聚会在欢歌笑语里开始，有杯盏交错，有人声鼎沸，有各种惊心动魄的小插曲，但终究会曲终人散，一切回归平淡……世界上很多的事情都是从轰轰烈烈中开始，然后慢慢变得平淡，这才是生活真实的写照。

平淡的生活中，虽没有让人惊奇的意外，也没有让人感动的浪漫，更没有甜言蜜语与亲密厮守，却还原了生活原本的样子。我们从清晨的第一缕阳光中醒来，各自忙自己的事情，妻子买菜做饭、操持家务、开源节流；丈夫忙于赚钱、养家糊口、提高家庭生活质量。某个周末，两人坐在一起，妻子数一数当月的收入，精打细算哪一笔要存入银行，哪一笔要支出去，哪一笔要做孩子的教育基金；丈夫偶尔挑一下妻子所做菜肴的毛病，两人拌拌嘴，吵吵小架。心情不好时，丈夫出去跟朋友喝喝酒，唱唱歌；妻子约闺密做做美容，数落数落自家男人。第二天，太阳照样升起，生活又得继续。一日复一日，平凡又真实。

其实，我们都是凡夫俗子，平淡就是凡夫俗子最正常的生活状态，如果我们不甘于这样的平淡，可以自己找点乐子，每天给自己找点不同的事情做做。你可以做一个三五年的进修计划，也可以做一个短期的自我身材管理计划，或者也可以考虑做一项自己感兴趣的副业，或者去做一周的志愿者，也可以参加亲子俱乐部，等等。幸福的根本是有一个好的心态，如果从心里接纳这种平淡，不去刻意夸大平淡带给自己的失落感和恐慌感，懂得快乐、容易知足，如此，不管跟谁过日子，过什么样的日子，总能让自己幸福。

5 神秘的第三世界，需要你我的尊重

可能很多女人都不知道，男人会有一个第三世界。

他的第一世界里住着工作、事业、理想、抱负；第二世界里住着家人、爱情、婚姻；第三世界里则住着他自己一个人。

每天清晨醒来，男人洗漱，吃早点，开车上班，他们第一世界的生活开始了。等到中午吃午饭或者晚上下班的时候，他们的职责又变了，他们需要关心一下自己的妻子和家人，询问他们在自己钻进第一世界这段时间的状况，大家交流一下感情，彼此嘘寒问暖一番，一起做一些增进感情、丰富生活的事情，这些事情是他的第二世界的主要内容。男人时常觉得因为一个女人、一段爱情、一场婚姻、一个孩子的存在，他的生活才完美。

只是，刚刚还在口口声声说工作有多重要、家庭有多必需的男人，突然就钻进了他们的第三世界。**这个第三世界里只住着他一个人，他要在这里执意地做他想做的事情，别人敲门是没用的，他们不会轻易开门，也不会让任何人走进来。**尽管有时，女人也会希望有一个第三世界，但她们不会一头扎进去再也不理会别人，她们会轻易地把门打开，并乐意让人走进来。这与男人形成了鲜明的对比。正因为如此，当男人钻进他们的第三世界，开始专注地看一场球赛、躺在床上两眼出神，或者蹲在厕所里玩儿游戏时，女人就非常反感，自己都快叫了他一百声了，可他还是一点动静都没有。

其实女人不知道，这个时候的男人正欢快地享受他在第三世界的时光，他们已经完全与世隔绝了，再也不管第一世界、第二世界。**当他们享受完这段时光后，他们就自觉主动地走了出来，该工作时努力工作，该好好对待家**

人时好好对待家人，似乎刚才什么都没有发生一样。

女人可不像男人这样，自然无法理解男人处在第三世界里凡事不管不顾的样子。所以，当男人处在第三世界，女人想对他指手画脚，可男人却无动于衷时，女人便以为男人变了，对自己也不似从前那般言听计从了，他们像是对自己有着很多的不满，他们只是自私地只顾着自己快乐，哪管女人的死活。于是，女人就要不断地与处在第三世界里的男人抗争，非得将他们拉出来，让他们重新回归到第二世界里，做一个温柔体贴、善解人意，又懂得怎么讨女人欢心的男人不可。

可是，男人的第三世界对自己来说，跟前两个世界一样重要，它是自己完整世界的组成部分，缺一不可。一开始，他们试着向女人解释，他需要在这个世界里独自待一会儿，他很累，他要调整自己，只需一会儿他们就会出来。但女人无法理解的是，你可以随时做调整，为什么偏偏选在我需要你的这个节骨眼儿，而且你也可以好好应对我后，再做调整啊！所以，她必须帮他改掉这个毛病。可事实是，**当女人越想把男人从他们的第三世界拉出来时，男人就越像背着壳的乌龟，将自己的头紧缩进“龟壳”里。他们一再地缩，直至某一天再也不愿出来。**

其实，男人待在这个第三世界的时间非常短，正如他所说的，只要一会儿的时间，女人不妨就由着他，随他去吧！等他在那里待够了，自然会来找你。

判断一个男人是否钻进了自己的第三世界，可以看他是否躺在某处不愿说话，你问他问题，他也是有一搭没一搭地回答，即便你有很重要的事情跟他说，他也好似心不在焉。这个时候，就任由他去吧，与其跟他生气，不如自己出去散散步、逛逛街。等你回来时，说不定男人又回归了体贴和周全的状态，做了一桌子的菜正等候着你呢！

6 在婚姻中，“吵架”是必需品，但必须要有艺术

李璐又怀孕了，她想打掉这个孩子，原因是她和老公秦岳的第一个孩子才一岁多，家里又没有老人帮他们带孩子，如果现在生下二胎，不但经济负担更重，她打算尽快出去上班的想法也会化为泡影。

所以，当这个意外发生后，李璐以检查说胎儿不健康为由，执意打掉了孩子。

秦岳虽然接受了这件事情，但心里还是有点不满，所以抱怨了两句。在他看来，如果李璐现在生了孩子，两个孩子一起成长，就可以避免以后中断事业再要第二胎的麻烦，而且往后李璐年纪大了，生孩子会更加麻烦。可李璐不爱听这些话，听了丈夫的抱怨后，她心里的气更大了。

“孩子不是你生，也不是你带，你当然觉得简单。我这一把屎一把尿怎么把他拉扯到这么大我心里最清楚。你倒好，做甩手掌柜也就算了，还总是横挑鼻子竖挑眼的。再说，我也想生，那你请保姆给我啊，或者把你家人叫来带啊！你什么都不做，单想着当爹享福，想得美！”李璐一开始语气还好，可越往后越觉得生气，说的话很难听，后来干脆拿丈夫疾病缠身的父母无法帮他们带孩子为由数落他，这让秦岳非常生气。

“生孩子就是女人的职责，如果我是女人我也想试一试，大家都这么做，你喊什么冤叫什么屈？还有，什么叫我什么都不做？我起早贪黑努力挣钱，还不是为了让你们过得好点，你这两年在家，不是我养活你，谁养活你？”秦岳好像也是满腹委屈，竟还起嘴来。

李璐自然接受不了，自己刚刚流产，身体还很虚弱，丈夫竟一点都不理解自己，简直太混蛋了。于是，她将这些年受的委屈一股脑儿全搬了出来，又哭又闹，并在吵架时附带说起了秦岳家人的种种不是，指责婆婆、小姑做人太差，还有他的一些亲戚借钱不还等事情。

吵架的结局是，李璐拿枕头砸秦岳，秦岳丢下“泼妇”“不可理喻”的话后摔门而去。哭得天昏地暗的李璐，一种无望的情绪袭来，一气之下收拾行李回了娘家。

这场夫妻纷争很快又升级到家族纷争，李璐的父母觉得，自己女儿在流产的情况下，秦岳不但不给予照顾，还给这么大的气受，坚决提出要女儿跟对方离婚，而李璐也是一时头脑发昏，递了离婚协议。因为没有工作，没有抚养能力，法院将儿子的抚养权判给了秦岳。这样一来，李璐是什么也没有了。

其实，在这场纷争发生前，他们一家三口过得还是相当幸福快乐的。

夫妻之间的相处之道就是“忍一时风平浪静，退一步海阔天空”。在婚姻里，争吵是再正常不过的事情，因为男人跟女人有着截然不同的观念和想法，各自意见不合、看法不同，吵一吵、闹一闹，反而能增进对彼此的了解。

但是，吵架也要讲求技巧和艺术。**就事论事，不翻陈年老账，对事不对人，不牵连旁人很重要。**可往往两人一吵架，就都失去了理智，什么话伤人说什么，为了把打击面扩大，甚至把无辜的旁人都牵扯进来，翻开陈年老账，历数对方以及对方家人曾经的种种不是。眼泪一把鼻涕一把，以为把这些都说出来，对方就该有所反省、有所愧疚、有所不安。可事实是，当你深觉自己受了委屈时，对方心里的委屈可能更多，你们吵红了眼，还哪里懂得反省，反倒是越说越生气，越来越没有理智，最终什么狠话都说了，等平静下来后，一切都覆水难收。就像案例中的李璐和秦岳一样。

其实，夫妻间哪里有那么多深仇大恨，他有他的不是，你有你的过错，相互忍让，彼此体谅，即便要吵，也要就事论事，把自己的想法表达出来，不犯啰唆，不扯旧账，更不诋毁他人，懂得随时闭嘴的艺术。不要恋战，吵架吵得越久，对彼此的伤害越大。在难以自控时，抒发一下情绪，然后很快地冷静下来。这个冷静，时常是婚姻的救命药丸。

最后，我想说的是，感情中之所以有争吵，往往是问题累积到一定程度的爆发。其实，我们平时可以多找机会跟对方沟通一下，把握好自己的语气，管理好自己的情绪，推心置腹地与对方交流沟通，他是什么态度不重要，重要的是你要把你内心的情绪抒发出来。尽管很多时候，对方仿佛很不耐烦，但只要你说得在理，他总会将你的话听进去，并默默做出改变的。

7 婚姻的头号杀手是“唠叨和挑剔”

一位美国著名的心理学家对一千五百多对夫妻进行了详细的调查研究，在问及男士们最不能忍受的是太太的什么缺点时，几乎所有男士的回答都是：唠叨和挑剔。

很多男士认为自己之所以选择同太太分居或者搬到外面去住，主要原因是受不了她的唠叨和挑剔。

女人时常想不明白，为什么自己才说了两句，男人就要摔门而去，或者要求自己闭嘴。其实她不知道，她的唠叨几乎每一天都有这么一两句，在过去的几年甚至几十年时间，这样的唠叨加起来，几乎要把丈夫活活压死。

女人的唠叨和挑剔就如同一把看不见的刀，一点点割除的是自己的幸福，当婚姻破裂，深觉为之付出一切，又无情地抛弃了自己时，她们怪罪的只是另一半，却从不知道是自己把自己推到了孤独可怜的境地。

电影《大话西游》中，孙悟空拿起金箍棒砸向唐僧，因为他觉得唐僧的唠叨就像上万只苍蝇一样，嗡嗡嗡的，让他的脑袋快要爆炸了。现实中，我曾亲眼见到很多男人流连在麻将桌和声色场，问他们不回家的理由，清一色的回答是："我太太那没完没了的唠叨就像几十把利剑插进我脑袋，我都害怕进家门了，哪个男人不愿回家啊，躲在这里还不是为了清静！"

女人时常不明白，自己的男人为什么总是流连于工作场合，热衷于同事聚会，喜欢跟狐朋狗友"厮混"在一起。在她们看来，家才是男人应该真正留恋的地方啊！其实，丈夫只是不说罢了，他们确实想回家，想感受家的温暖，可是回到家里，他们感受不到丝毫温暖，他们要不断地遭受太太的打击和抱怨，要忍受她没完没了的挑剔，为了换得一丝清静，他们才会把自己送进别的场所，甚至别人的怀抱。

有一位男士，在事业场摸爬滚打了十多年，终有一天当他赚得一笔不错的收入后，他做的第一件事情不是跟妻子、家人一同分享，而是提出跟妻子离婚。更过分的是，他甚至将那个"小三"带到了妻子面前。

妻子自然无法接受这样的打击。她不愿离婚，甚至以全部的家产，以及孩子归自己为条件要求丈夫收回离婚的决定。但是，这位先生却毫不犹豫地答应了，只要对方能离婚，一切都可以归她所有。

妻子左一把眼泪右一把鼻涕，逢人便说丈夫的种种不是："你们瞧瞧，我这十多年来，从不嫌弃他的寒碜，一路陪他走到现在，我为这个家付出了那么多，他不但从未感激过，反而一有钱就一脚把我蹬开了，当他投身到那个女人的怀抱时，就不怕遭天谴吗？"

可是，当她在这边抱怨时，丈夫则在另一边说这样的话："在相处的这十几年，无论我做什么，她都会把一盆冷水浇到我的头上。我做销售，她认为是没出息；我承包工程，她说瞎折腾；我拿来第一笔工程款，她说还不够吃一顿大餐。我在她那里从未听过任何鼓励和表扬的话，好几次我被她打击得几乎要放弃继续拼搏了。还好最终遇到了小柔，她温柔善良、善解人意，她总是鼓励我，给我力量，不管我做得好还是坏，她从不嫌弃，也不挑剔。我深知前任太太陪我吃了很多苦，所以我愿意给她一切物质的东西，但我想跟小柔有一个家，在她那里我才能感觉自己是个真正的男人。"

对于一个男人来说，再没有什么比女人的唠叨和挑剔更能摧毁自信了。这位妻子大概永远也不会知道，她的先生跟她离婚的真正原因，不是第三者插足，不是男人有钱就变坏，也不是对方忘恩负义，而是她的唠叨和挑剔，把丈夫远远地推给了别人。

其实，婚姻中，不光女人爱唠叨，男人一样有这种缺点，他们嫌妻子菜做得不好吃，卫生打扫得不够干净，孩子教育得不够好，他们甚至还指责厨房的油烟浸染了高级咖啡壶，却不知道，他的妻子几乎每天都泡在油烟池里。

两个人不是因为挑剔才走到一起的，在一起的初衷是为了有一个人能陪伴自己，一辈子过幸福的生活。如果我们能坚持让彼此幸福的原则，不去看不惯，不去说难听的话，多考虑对方的感受，多说一些温柔好听的话，多包容彼此的缺点和不足，随时把鼓励和支持的双手伸给对方。那么，婚姻中怎么会有那么多的硝烟和离合呢？

8 婚姻的三重境界

有一位朋友离婚后抱怨，“早知道他有那么多缺点，早知道我们性格这么不合，早知道爱情经不起考验，那么当初，我就该嫁给那个对我好，性格又跟我合拍，但我并不那么爱的人”。

我知道，我的朋友到离婚也未能参透婚姻的真谛。即便她嫁了那个当初没选择的人，我想结局还是会跟今天一样，因为她只是处在婚姻的第一重境界就驻足不前了。

婚姻中，两个人从结合到相守到老，一般需要经历三重境界。

第一重境界是跟一个看起来还不错的人结婚。

第二重境界是在婚姻里慢慢了解对方，并最终爱上他的一切，包括缺点、不足、瑕疵，以及伴随他的各种习惯。

第三重境界是在爱上他的同时，爱上他爱的人、事以及他的习惯和他的整个家族。

在我看来，一开始，不管两个人如何相爱，都不是真正意义上的爱。因为此时此刻，我们对对方不好的一面了解得并不深。在短暂的接触中，我们看到了一个热情洋溢的、善解人意的另一半，他的这些好足以让你抛开一切杂念与他结合在一起。这个过程并不难，难的是接下来的时光。

在婚姻的第二重境界，随着对彼此了解的深入，对方有什么样的性格，有哪些缺点和不足，哪些是自己看不惯的，都一一摆在了彼此面前。此时此刻，还能对彼此不失望，还能真心喜欢对方、接纳对方，婚姻也就不会那么难经营了。

可实际上哪有那么容易。那个接下来将要与你共度一生的人，到现在才发现，他有一些你怎么努力也接受不了的习惯，你试着让他做出改变，他却是一百个不乐意。你从战斗力十足，直至让自己麻木，然后再从麻木变得习以为常。这大概就是我们接受人的一个缺点的全过程。等到接受了后，我们会自我感叹，“早知道今天不得不接受，我当初花那么多精力，累死累活地让他改变干什么”？人时常就是不撞南墙不回头，很多的经验也只有经历过后，才能收获。

当然，你的爱人不可能只有一个缺点，也许你接受了其中一个，接下来他又会冒出一个更讨厌的毛病来。如果我们吸取第一次对待他缺点的教训，把这当成他身体的一部分来接纳，你自己省心省力不说，他也会因为感激而还你更多的爱。

接受了对方的一切，包括习惯、缺点、不足，我们就不会再对婚姻、婚姻中的人心生很多失望、不满、厌恶的情绪，这对自己也是一种放生。

婚姻走到了这一步，麻烦事并非会就此停止。因为婚姻并非两个人的事，很多时候你嫁的不是一个人，而是整个家族。所以，你在爱一个人的同时，也要爱上他爱的一切人、事，这是婚姻的第三重境界。

小丽和阿威离婚了，小丽对好友说："我跟阿威走到这一步，都是他那可恶的老妈造成的。"而阿威的说法是："既然你爱我，就该爱我妈，爱我爱的一切，他们是与我不可分割的一部分，你既然不爱我的这部分，怎么能说爱我？"

人与人之间的关爱都是相互的，婚姻虽然磨人，但也磨炼我们的性格。剔除自己一些尖硬的、扎人的成分，试着圆润一点。性格好了，好人缘、好福气自然也就来了。

9 记分法则让你的婚姻情感账户的数字不断上升

儿子正坐在马桶上拉便便，王磊坐在他身后，为他鼓劲儿。可是，一个意外发生了，王磊的塑料凳子突然断了腿，他跌坐在地，胳膊撞在了桌子上，更要命的是，推力让他一下撞倒了儿子，马桶里的粪便洒了一地。

妻子张梅听到动静从厨房跑出来，她第一时间做的不是询问丈夫的伤势如何，而是满脸不高兴地开始数落王磊怎么这么不小心。这事虽然没引起一场家庭纷争，但王磊整晚都闷闷不乐。睡觉时张梅看到王磊胳膊上蹭破的一大块伤痕，才开始去关心他。但王磊却不领情，说了一句"没事！"屁股对着张梅就睡去了。

王磊到底在生什么气呢？是因为在他摔倒的那一刻，他希望得到张梅的关怀和询问，可张梅只顾着心疼儿子和抱怨他，这让他很生气。

在夫妻生活中，很多爱都是从细节处来体现的。小事见真心，一个人能否从他的另一半那里获得盛赞，得到较高的分数，得看他是否做好了一些小事。情感也是有账户的，它需要我们用心去储蓄。

那么，对于婚姻中的男女来说，对方做的哪些小事，更能打动彼此的心，使其更喜欢对方呢？

- **女人对男人做的有。**

(1) 早上能按时叫他起床上班，并能吃到美味的早餐。(1 分)

(2) 告知他路上注意安全、慢点开车。(1 分)

(3) 中午询问他是否吃饭了，告知他可不能因为忙于工作不吃饭而损害了健康，想吃什么就去吃点什么。(1 分)

(4) 晚上回家能笑脸相迎，接过公文包和外套，询问他是否很累，提前为他泡一杯好茶。(1 分)

(5) 当他犯错时，不是忙着抱怨，更不是大声指责，而是给予安慰和原谅。(5 分)

(6) 当他让女人失望时，女人不是生气，不是说“我就知道会这样”，而是微笑着说“好吧，我原谅你”。(6 分)

(7) 当他正在做一件事情时，女人不是在旁边指手画脚，也不是问“你行吗”，而是充分信任他，即便最终他做得不好，女人也不要指责，夸赞一下，会让他心里好受很多。(9 分)

(8) 在他帮了倒忙时，女人不是忙着数落，而是心怀感谢，并给予关怀。(10 分)

(9) 帮他打领带、熨烫衬衫，在他包里装入湿纸巾或者冬季装一只润唇膏。(10 分)

(10) 不管女人是有意还是无意伤害了他，只要能真诚地说一声

抱歉，并说下不为例，他就会不计前嫌。(15 分)

(11) 两人吵架后，女人不要那么小心眼，冷落他好几天，争取床头打架床尾和。(15 分)

(12) 当他拿出诚意为某事表示歉意时，女人不是说“一点诚意都没有”“道歉有什么用”“说这废话还不如想办法”这样打击人的话，而是微笑着接受道歉，并说“没关系”。他希望即便自己错了，女人也会当成一件正确的事来评判。(16 分)

(13) 当他遭遇事业滑坡，工作处于低谷时，女人不要轻蔑地看不起，或者雪上加霜地打击他，而要给他鼓励和支持。(20 分)

(14) 当他想待在自己的第三世界，女人又想让他帮忙时，女人只要不大声指责，或者失望地说“我怎么嫁了你这么个男人”，而是给他足够的自由度，他就会给你打高分。(20 分)

(15) 当他不小心弄伤自己时，女人不是不管不问，而是体贴地帮他查看伤口，并心疼地责怪他“为什么这么不小心”。(20 分)

(16) 当他生病或者不舒服时，你要给予他无微不至的照顾和温柔。(20 分)

(17) 不轻易抱怨，不轻易发火，不轻易争吵，不轻易打击和挑剔，知书达理，懂得包容，还能经济独立的女人最受他喜欢。(50 分)

● **男人对女人做的有。**

(1) 能在她累得不愿动时，帮她换好睡衣、盖好被子。(1 分)

(2) 有什么好东西，男人总能留一半给她。(2 分)

(3) 不把工作带到家里，如果不得已带回，要向她表示歉意。(3 分)

(4) 不管她为男人做的饭多难吃，洗的衣服有多不干净，男人都应该表示感谢，而不是挑刺，或者板着脸。因为男人可能不知道，她是如何郑重其事地准备了这顿晚餐，而且还烫伤了自己的纤纤玉手，真的非常不容易。(3分)

(5) 男人乱丢袜子、乱扔垃圾、不叠被子、不参与家务的这些习惯非常不好，即便你无心帮她收拾，也不要给她添堵。脏袜子及时洗了，或者扔进洗脚盆，随手叠好被子，举手之劳，不费吹灰之力，还维护了家庭和睦，这样的男人她会给高分。(5分)

(6) 她也不想当怨妇，也不想形象全无地大喊大叫，只要男人稍微配合一下，她就会非常感激。(7分)

(7) 当她情绪不好、内心有事、感觉痛苦时，男人能多关心她，即便帮不了大忙，有一句真诚的问候，她会非常满足。(7分)

(8) 不要总是夸别人的妻子怎样怎样，也不要总是把目光看向别的女人。(7分)

(9) 能站在她的角度考虑问题，能多问问她是怎么考虑的。只要男人讲理，她就不会胡搅蛮缠。(8分)

(10) 不要立即反驳或否定她的看法，听她讲完，然后再给出自己的看法，这会让她更容易接受。(10分)

(11) 她总是希望你爱她胜过爱任何人，即便你假装爱她多点都可以，但她最不愿接受的就是你在她面前表现出来的爱别人更胜一筹的样子。(11分)

(12) 不要随便抓住她的一些缺点、瑕疵、不足或者错误不放，要多迁就和包容她。(16分)

(13) 她其实没那么多毛病，给她足够多的关心、爱和包容，她就会感动不已，并给予你加倍的爱。(15分)

(14) 重视她说的话，听的时候不要随便敷衍，她要的不是男人的分析或者意见，而仅仅是一个感同身受、时时能站在她的角度思考

的听众。(25 分)

(15) 当她正在忙着做家务或者带孩子时，男人能说一声“辛苦了”，她内心的累就不算什么了。(25 分)

(16) 不要旁观，参与到她的活动中去，并让她感觉到幸福，即便不愿参与，也要给一个理由，使她觉得男人不是有意不帮助自己而不管不问的。(25 分)

(17) 男人要从一些细枝末节中体现对她的爱，头疼脑热、情绪不好、心生痛苦时，男人能拿出耐心来安慰她，给她一个肩膀靠，给她更多的爱，让她觉得有他就有了安全感。时时传达对她的爱，而不总是冷落她。(50 分)

男人给女人的分数越高，越说明他从她那里得到的爱越多；女人亦如此。如果男女双方都不能按照对方期望的样子做事，他们就会给予对方负分的惩罚，当男女从这十七条要求中得到的负分很多，意味着彼此在对方那里得到的评价很差，获得的爱很少。如果十七条都是负分，那这桩婚姻就显得岌岌可危了。

所以，不要凭着感觉去经营婚姻，多用点心，多在细节上给你的另一半认同感和喜爱感，多增加在彼此心目中的分数，爱累积，婚姻中的幸福感才会有效提升。

10 注重细节的沟通更有效

当有人抱怨自己的婚姻不能走下去时，多数人的建议是："找对方好好沟通一下！"但是，很多人之所以对婚姻绝望，是因为觉得没法跟对方沟通。

"是呢，我也想跟他沟通来着，可是，三句话他就把我惹毛了，你说他怎么就那么不知好歹呢？"

"我想跟他沟通，可他不愿意！"

"沟通沟通，不沟不通，可我发现越跟他沟通矛盾越大，还不如直接拉倒！"

……

很多夫妻在沟通失败后，总会气恼地这样说。

有句话说得好："沟通从心开始！"多数时候，当我们想要改善彼此的关系时，只是试图沟通一下，并不注重沟通的方法和沟通的技巧。多数人想的是：既然我提出与你沟通，说明我已经率先做出了让步，你就得感恩戴德好好配合。实质上，从一个旁观者的角度来讲，你所倡导的这场沟通，语气听起来并不那么友善和气，切入点也不够打动人心，你说着说着就开始把沟通变成了数落，把交流变成了撒气，最终的结果只能以失败收场。

男人与女人有着各自不同的想法和心理特征，即便大多数时候我们能积极交流，也未必能达到让对方彻底理解你的目的。**如果交流不畅或不多，有问题也不解决，矛盾来了也只是逃避，就像绳子打了结一样，夫妻关系就会结出很多疙瘩来，这些疙瘩如果不能尽快解开，累积到一定程度，就变成了**

一团乱麻，再怎么理也理不顺了。

所以，有效地跟你的另一半沟通，避免疙瘩的产生很重要。可是，沟通不是一件容易的事，因为掌握不了尺度和技巧，很容易演变成批判会和泄愤会。如此，不仅沟通的目的达不到，两人的矛盾反而还会升级。所以，夫妻沟通时掌握一定技巧很有必要。

(1) 以商量的口气沟通

“亲爱的，这会儿你有时间吗？我们聊聊好吗？”以这样商量的口气跟对方说话，沟通的气氛才不会一下变得紧张起来。

(2) 选择在对方不忙的时间沟通

如果你的另一半正忙着做一件事情，或者情绪不好，最好不要选这个时间沟通。在他看起来心情不错、不忙的情况下要求沟通，他才能给予你积极的回应。

(3) 提前思考好你说的每一句话

说话前先掂量一下，自己说的话有没有责备、抱怨、挖苦、不满的成分在里面，如果有，最好剔除。你要明白，你说的每一句话让对方听起来是舒服的、容易接受的，他才能向你敞开心扉。

(4) 沟通过程中要善于控制情绪

小杨想让妈妈带孙子，可妻子笑笑不同意，为此，小杨跟笑笑闹冷战，几天都不理她。后来笑笑想想有必要跟他沟通一下，于是，他们展开了以下对话。

“亲爱的，你是不是因为我没有把孩子给你妈带而不高兴？但你知道我为什么不让她带吗？”笑笑对小杨说。

小杨点点头，说："你总是不放心别人，可这样你自己会很累。"

笑笑握住小杨的手说："我知道你关心我，可是你想想，妈妈已经老了，腿脚不灵便，孩子这么淘，根本就不让人省心，孩子磕了碰了不要紧，如果把妈累病了，腿部的疾病更加严重了，那我们不愧疚死啊？你再想啊，孩子这么小就离开我们，肯定不利于身心发展，如果他疏于管教，变得黑白不分，那可是咱俩一辈子的负担啊！"

小杨当然不太同意笑笑的看法，他说："很多孩子不都是爷爷奶奶照看吗？那些老人也不见得比我妈腿脚灵便啊！你看王阿姨的孙子，不也一直是王阿姨带吗？那孩子长得多好。再说，你不是想上班吗？妈想带孙子，你去上班，孩子给妈带，你俩的问题不都解决了吗？"

听到这里，笑笑很来气，心想，隔壁王阿姨可是知识分子，你妈都不认识字，两人能比吗？再说，你想让我上班分担压力直说就是了，干吗说我想上班？

当然，她不能把自己想的这些都说出来，一旦这样，沟通失败不说，家里很快就可能爆发一场战争。

所以，她吞下了所有的不满，笑着说："你说的还是挺有道理的，要不这样吧，亲爱的，我再带一阵子，等孩子跑得利索了，省点心了，再让妈带，这样她也省点劲儿，我们也少点担忧不是。"

最终，小杨点头答应了，两人又变成了美满幸福的小夫妻。

以上案例中，笑笑用的是一种缓兵之计，一来安抚了小杨，二来孩子又不会被送走，三来夫妻又能言归于好。

每一场沟通，都是针对某个问题而去的，如果能抱着解决问题的态度，尽量不被个人情绪操控，理智冷静地去处理，沟通就不容易失败，问题也能很好地解决。

（5）以爱沟通，先听完对方的话

大多数时候，夫妻之间之所以发生矛盾和争吵，是因为我们只听对方说了一半，就想当然地以为对方错了，开始横加指责。其实，不管对方说的话是否难听，我们都不要急着下评论和发表自己的不满，不妨听他讲完再说。

白兵给梅子买了一件漂亮的连衣裙，他热切地期望梅子能说一些表示赞美和感谢的话，可梅子深深叹了口气，说:“你觉得我还能穿这样的衣服吗？”然后试也没试就将那件衣服挂进了衣橱。白兵一听火气直冒，心想别人的妻子想要还没有呢，我好心给你买来你不表示感动也就算了，还说这样的话，于是，有了立即跟对方大吵一架的冲动。

不过，最终，白兵忍住了。他吸了一口气，对梅子说:“怎么这么说呢？”梅子转过来，委屈地指着自己的腰说:“你瞧瞧我这水桶腰，还有这里的赘肉，这么好的衣服穿在这样的身体上不是糟蹋了吗？”白兵这时才明白，梅子不满的不是他买给她的衣服，而是她自己的身材。

有效的沟通需要的是足够的耐心和爱，如果我们只是顺着自己的情绪行事，最后的结果只能是两败俱伤。

第四章

重拾真爱——治愈情感的阴影

- 一个人再好，如果不合适也要放手，放手并不是失去，而是等待一个真正适合的人的到来。

- 幸福总是悄无声息地紧随在你我身后，你感受到了，它便会跳出来；你感受不到，它就藏匿起来，任凭声声呼唤也不见踪迹。

- 当一个男人在婚姻生活中变得颓废、邋遢、恶习多多时，婚姻里的双方都要反思问题的症结。

- 我们缺少的不是幸福的条件，而是缺乏感受幸福的力量。

- 以亲情为核心的关系圈，就是爱的住宅。

1 分离不过是另一种形式的开始

麦子跟乔夫高中时就相恋，两人一谈恋爱就是九年。他们的爱情在一开始非常美好，那时候他们都还青涩，带着一种纯真、单纯的心恋爱。只是到后来，爱情被磨出很多功利和条件。

麦子出生于工人家庭。乔夫的爸爸早几年是个小摊贩，后来生意做大了，成了企业家，乔夫的身份也从小商贩的儿子变成了“富二代”，难免花天酒地起来。麦子讨厌他这样，时常跟他发生矛盾。吵的次数多了，两人的嫌隙就越来越大。但是，这段感情是两人的初恋，从单纯的年代走来，彼此在心里植根很深。每次吵完，两人的心情都很差，没过几天又因为舍不得对方而言归于好。

后来，他们想着要给爱情一个交代，开始筹划结婚。但乔夫的家人却不愿接纳一个工人家庭的儿媳妇。此时此刻，他们更需要一个门当户对的儿媳妇来进一步巩固自家实力。乔夫的父母帮他物色了一位千金小姐，漂亮、优雅又见多识广，几次见面后，乔夫对她的喜爱很快升级，再对比一下麦子，土气、俗气，又无见识。就在麦子等着乔夫给自己一纸承诺时，他给她的却是一条分手短信。

麦子怎么也想不到乔夫会为了一个刚刚认识一个月的女人就不念及他们这么多年的感情，便苦苦哀求对方回心转意。她甚至丢下自尊，上乔家找他，可乔夫对她避而不见，到了后来竟说出“这么折腾是不是想要分手费”的话。

麦子彻底绝望了，分手后她对乔夫一直怀恨在心，发誓一定要报复他。对于爱情，她也心灰意冷，再也不愿接受任何人的示爱。

不过，麦子高估了自己对这段感情的记忆，以及对乔夫的恨。当日子一天天过去，那种一提起就痛的感觉很快就减淡了，有一天她发现自己竟想不起乔夫那张完整的脸来。她发现自己一开始要死要活是多么傻，原来把一切交给时间，就能把一切记忆都冲淡。

一年后，麦子接受了一位小伙子的追求。小伙子稳重踏实，跟他在一起，麦子觉得很温暖、很安全。

在我们的一生中，会遇见很多人，有些只是擦肩而过，有些会停留一阵子，只有一位终究会与我们相伴终老。

当然，我们并不知道，哪个人只会陪我们一时，哪个人会陪我们一世。于是，我们难免要跌跌撞撞，甚至有时为爱情弄得头破血流。正如一开始的麦子一样。

其实，爱情很多时候就像商场里的货物，我们会被一件颜色温暖的衬衫吸引，心急地买回来，只是后来才发现，它跟我们的肤色并不搭调，于是，我们只能将它送人；我们又看上了一双款式新颖的鞋子，但是它太硌脚了，你努力地去适应它，连创可贴都用上了，但它依然让你很不舒服，你的脚穿一次、伤一次，最终你只能忍痛割爱。而另一双鞋子，它不漂亮，也不时尚，它躺在角落里，一点儿也不吸引人，可是，你随便地上脚试了一下，轻灵、舒适、温暖，它就这么突兀地闯进你的世界。即便你对它的外表不满，却因它的舒适再也割舍不下，于是，它便成了这辈子陪你走过最长的路的那双鞋子。

2 相信，才能重拾真爱

每个人都对真爱有着莫名的渴望，可又时常为得不到而苦闷难耐，遭遇一两次的打击和挫折后，就悲观失望，甚至玩世不恭。其实，信念是件很神奇的事情，只要我们始终坚信，奇迹就会产生。

一位男士跟他的太太离婚后，对女人和婚姻产生了极度的厌恶情绪，甚至到了一谈到女人就浑身不舒服的境地。他看过心理医生，却于事无补。

后来，他所在的公司进行改制，他的上司由男士换成了女士。成天被一个女人呼来喊去，是他无论如何都接受不了的。他提出了辞呈，并对女上司的挽留表现出一脸的抗拒。女上司对他的情况早有了解，她没有强求，只是在他临走前，送了他两个问题："在那段婚姻里，你自己到底有多好？""你的太太到底有多少罪？"随即，这位男士愤怒地离开了。

在家待了几天后，他开始思考女上司的问题。离婚已经一年多了，再想想对方的坏，好像也没那么严重了，唯一记忆犹新的好像她总喜欢唠叨，可那些唠叨现在听起来好像也没置身其中时那么刺耳；再想想自己，凡事都要做到完美，即便挂一件衣服，也要挂在属于它的位置，一次错位，都会让他非常恼火。他一直觉得妻子是个粗心大意的女人，什么都做不好，现在想想那都是自己太挑剔啊！

他很惊讶，为什么一开始他没有这么想过，直到今天才懂得反思。仔细一想，处在婚姻中时，大家都被蒙蔽了双眼，负面的情绪总是盖过一切正面因素。离婚后，情绪还很激动，也难做正面的思考。直到事情过去很久后，心静下来了，再回想过往时，才发现原来彼此之间并没有那么大的深仇大恨，只是各自对感情经营不到位罢了。

他重新回到了公司，感谢女上司的提点。自此，他开始憧憬另一段感情，他相信有了第一次的教训，再面对婚姻时，他一定会经营得很好。

当他有了一个正常的心态，并开始相信爱情时，他一度厌恶的身边的那些女人竟一个个变得可爱起来，这可是他以往从没有过的觉悟。他眼含微笑，内心充满了对美好日子的无限期待，这让他整个人看起来柔和又有魅力，真爱的脚步也在这个时候悄悄靠近了。

当他不相信爱情时，他就像一只全身长满了刺的刺猬，坚硬、冰冷的样子让所有人对他拒之千里；而当他开始变得柔和时，大家又愿意主动靠近他了。

你身上到底有没有需求真爱的气息，那些等爱的人是能感觉到的，这是一个强烈的信号。

3 逃避还是选择从头再来

子墨跟小柔维持了七年的婚姻，两人感情算是稳定的，只是中间夹杂了两边的父母、姐妹，各种矛盾也就滋生了出来。

子墨是个很孝顺的孩子，但小柔一心只想着跟子墨过无人打搅的二人世界。所以，即便婆婆生病了，她也不愿前去照顾，躲在娘家独自逍遥。

小柔对子墨的姐妹也不怎么待见，但凡有打搅，她一定会跟子墨置一天的气。

所以，在母亲又一次生病，小柔又回娘家不管不顾的情况下，子墨特别生气，他给了小柔两个选择：一是跟自己一起尽孝道；二是离婚。

结果小柔竟毫不犹豫地选择了后者。

离婚后，子墨想出口气，经人介绍，很快认识了一名未婚女教师，相互了解三个月后，迅速结了婚。

当子墨已经跟自己的第二任太太有了一儿一女两个孩子时，小柔还是孤单一人。在她的感觉里，第一段婚姻就是她的全部，当时因置气选择了离婚，等到后悔时，子墨已经另结新欢了。

后来，小柔虽然也接触了不少男士，可她不敢与他们深入交往，因为她已经习惯了子墨的一切，不知道如何跟另一位男士开始另一段新的生活。

男人跟女人的不同，导致他们对待分手和离异的态度也各不相同。通常情况下，男人在结束一段感情后，不会做太多的留恋，除非他们内心受到了足够大的重创。也许在很短的时间内，他们就会自我调整，整装待发，一旦遇到喜欢的类型，他们会立即陷进这段感情，几乎忘记了自己是否先前有过恋爱史或婚史。

女人则不同，每一段感情在她们心里都会留下很深的印象，尤其是婚姻，对于女人来说，是生命里非常重要的一部分。一旦离异，女人即便会跟另一个男人恋爱，也无法下定决心结婚，她们往往存在一种逃避的念头，在她们的意识里，婚姻太费神，开始容易，经营却很难，如果没有十足的把握，她们不会轻易再去谈婚论嫁。

所以，当男人快速选择了再婚时，女人通常会说："瞧，男人是多么薄情寡义，他的手里可能还有自己的温度，却已经毫不在乎地牵起了另一个女人的手。"于是，女人对男人非常失望，她们悲愤地想，既然这个男人如此，另一个男人也好不到哪里去。

女人与男人的巨大差异在于，**大多数情况下，男人都是乐观的，他们对于自己的任何一段感情都抱有积极的态度**，他内心时常充满憧憬，更多时候是在遐想他跟所相处的女人在未来会有怎样美满的日子；**而女人，通常情况下都表现得比较悲观，习惯用一次的失败来否定以后的任何事情，她们也总是用一个差劲的男人来代表所有的男人。**所以，即便有时会遇到一个温柔、体贴、周到、优秀的男人，她们也并不会立即被他的外表冲昏头脑，尤其是结过婚的女人会更加冷静，在她们的观念中，男人能维持现状是最好的，可结果是他们只会越变越坏。所以，她们不会再轻易冒险。

男人的勇于尝试，容易让他们跌跟头，但也有利于他们找到真爱；而女人的逃避，虽然避免了再摔一次跤，却也常常让她们与真爱失之交臂。

4 今天又是最好的一天

一位男子失恋了，他的女朋友跟着他最好的哥们儿在一起了，双重打击让他一蹶不振，他拉上家里所有的窗帘，把门反锁，躺在床上打算就这样自生自灭算了。

迷迷瞪瞪地睡了两天，第三天早晨，他被窗外的鸟叫声叫醒。他虚弱地爬起来，在这个屋子里住了快半年了，他从来没有听过如此清晰的鸟叫声，出于好奇，他掀起了窗帘的一角，刺眼的阳光毫不设防地射进来，他半眯着眼睛往外看，想必昨晚下了一场大雨，院子里的树和草绿得特别醒目，花朵带着露珠，在阳光里摇曳，鸟儿就落在草坪上觅食，这一切看得他目瞪口呆。

他一下拉开了整个窗帘，自己在这里住了这么久，为什么以前从未发现还有这等景致呢？过去的那些日子他都忙了些什么呢？哦，是的，他忙着讨好女友，忙着跟她耳鬓厮磨，忙着听她训诫……他一直把这当成最幸福的事情。没想到，在爱情消失不见的这个早晨，他在自家院子品尝到了另一种幸福，一种大气的、浑然天成的、让心境平和的幸福。他的肚子饿得咕咕叫，他觉得没什么大不了的，填饱肚子，出去享受这雨后的清新才是最重要的。

爱情并非幸福的全部，婚姻的幸福也并非代表人生的幸福。我们健康生活的每一天，我们与亲人的相守相伴，我们与孩子在一起的天伦之乐，我们从一则故事中感知到的人生哲理，我们从一个笑话中真挚流露的会心一笑，我们在一个清晨欣赏到的美景，我们吃过的一顿美味的餐点……这一切都是幸福。

有这样一则哲理小故事，说一个人刚买了一双昂贵的鞋，过河时一不小心将其中一只掉进了河里，大家都在为他感到惋惜时，此人竟脱下另一只也扔进了河里。众人不解，扔鞋的人却说："与其留着一只徒增烦恼，不如把另一只也扔了，反正丢掉的那一只无论如何也捡不回来了。现在两只鞋子都顺水漂走，下游的人如果有幸能打捞到的话，说不定还能穿呢！"

5 做一个比以前更智慧的女人

在过去的几个月里，先后有两位女性来找过我做咨询，其中一位离婚已数月，可她一直难以释怀。她看起来精神高度衰弱，絮絮叨叨跟我说，自己忙着照看孩子，丈夫却借着出差与女同事鬼混，她原本想睁一只眼闭一只眼，可某天外出购物回家时，发现丈夫跟那个女人在一起。她说，离婚时丈夫把房子给了她，孩子也归她所有："他知道这房子迟早是他儿子的，就他那鬼心眼儿！"她说这话时咬牙切齿，感觉明显有愤怒的情绪。

一个女人的情绪是需要适时宣泄的，否则总憋在心里很容易出问题。但问题是如果总是抱怨，像祥林嫂一样不停指责对方的种种不是，别人一开始会同情，可听的次数多了，难免会烦，到了后来别人反而要对你的心态和人品产生怀疑。

所以，我劝她最好放下前面的那些恩怨情仇，往前看。毕竟从法院宣判那一刻开始，她跟那个男人的故事已经告一段落了，接下来摆在她面前的是崭新的人生，她该用一种全新的姿态和视角去生活了。

“不不不，这些东西就像钉了钉子一样，没法彻底拔除和忘记。”她摇着头，表情极度痛苦。

“如果你一直念叨，心里会好受点吗？”我问她。

“我要告诉别人他到底是个什么货色，我要让他的灵魂不得安生！”她又一次咬牙切齿。

常听人说，对一个人有多恨，就代表着有多爱！我想她是因为太爱那个男人了，才接受不了这样的背叛。

“如果你现在还爱着他，就应该成全他的幸福，而不是逢人诋毁；如果你恨极了他，就应该好好地过日子，让自己变得非常幸福，这样你才能跟他说，‘瞧，没有你我一样过得很好’！对一个人最大的报复，不是怎么把他整惨，而是在他践踏你时，你却自爱地站了起来，并活得风生水起。”我真诚地与她交流。

她慢慢平静了下来，最终“哇”的一声哭了，她说她实在心有不甘，她为他、为那个家付出了一切，在她没有工作、没有收入、人老珠黄时，他却无情地一脚踹开了她。

“那么，假如你再次结婚，你还会这样投入吗？”我试着问她。

“那我一定是疯了！”她说。

“对，这就是教训，是你在这场婚姻中得到的最为宝贵的财富。你也应该感到庆幸，你只为那个家付出了三年的光阴，如果是三十年后，他再背叛你呢？”我继续引导她。

她打了个激灵，然后点点头走了，我知道一个女人只要懂得反思自己，懂得吸取教训和累积经验，在以后的人生中，会变得更加睿智和聪明，势必不会在同一条路上跌倒两次。

第二个女人来找我时，并没有抱怨，只是询问我，以后她怎么做才不会失败得那么彻底。

她跟男友的生活被“第三者”插足，当初她为了得到男友的心，花了两年多的时间，而那个女孩只用两个月的时间，就将她苦心经营的爱情击碎了。

“她只用了两个月的时间，不但抢走了他的人，也抢走了他的心！”她一脸黯然。

“我想提升自己的魅力，请你帮帮我！”她可怜巴巴地望着我说。

“魅力对于心不在你身上的男人来讲是没有用的。我可以帮你提升魅力，但无法帮你抢回你的男友，一个真正懂得欣赏你的人，即便你现在这个样子出现在他面前，一样能打动他！”我告诉她真相。

她似懂非懂，我告知她，从今天开始，试着放下仇恨。因为仇恨圈禁的不是别人，而是自己；如果不能原谅，就不要刻意原谅，因为迟早有一天，随着时间的流逝，该放下的自然会放下，该原谅的自然会原谅；从今天开始懂得爱自己，让自己学会享受美食，心情好一点儿，微笑多一点儿。坚持这几点，魅力就慢慢在你身上出现了：多读点书，书能丰富阅历，能拓展思维，能帮我们疏通心结，当然还能增加女人的内涵；不要轻易生气，气大伤身，一点一点克制自己，让自己变成一个柔和从容的人；不要因为失望排挤异性，多跟他们沟通来往，对异性的充分了解，利于另一段感情的经营。

我不知道这两位女士经此变故后，会不会变得更加睿智。但我知道，**很多事情只有亲身经历才会体悟更深；有些问题只有自己想通了才能更好地解决**。做一个更有智慧的女人，就要懂得找人提醒自己，然后好好地反思，不要钻进一个死胡同出不来，也不要偏执地拿不起、放不下。总结经验，吸取教训，别轻易被自己的情绪所控制，属于自己的东西要加倍珍惜，不属于自己的要洒脱放手。**漫漫长路，大多数时候要靠自己走，没有谁是永远的依靠，坚强一些，独立一些，有自己的工作，有独立的经济来源，从容淡定地生活，这样的女人才是让人羡慕的智慧女人！**

6 真爱不需要“资格”

认识一位年轻的离异妈妈，二十四岁，模样看起来很俊俏，身材也是出奇的好，如果她不说已经结婚生子，我会误以为她刚刚大学毕业。

她的苦恼是喜欢上了单位的上司，一个二十八岁、热情开朗、成熟稳重的大男孩，可惜男孩已经有了女朋友。她说换作没有结婚时，她会无所顾忌地追求自己的幸福，但现在她觉得自己没有这个“资格”，不说“第三者”插足不对，就是对方没有女朋友，她也觉得配不上对方。

她这样一说，倒让我想起了一则童话故事——《公主和青蛙》，那只被人施了魔法、模样吓人的青蛙都能请求公主亲吻他，为什么一切正常的人反倒没有勇气向同样是凡夫俗子的对方表达爱意呢？

人们常说，只要真爱在，身高不是问题，距离不是问题，年龄不是问题，就连性别都不是问题。可是，即便知道这个道理，生活中还是有很多人，因为所谓的“资格”而不敢轻易说爱，而有些则只以“资格”论真爱。

有一位才貌双全的年轻富商，娶了一位有些胖、有些丑的女子。大家都惊讶他图什么，富商的回答是：“就图我爱她！”可是这位女子却不是很自信，在她看来，能真正配得上丈夫的应该是一位身材高挑、花容月貌的女子。于是，想了很久后，她做了一个决定——突然消失了。

消失半年后的某天，她给丈夫打电话，说自己环游世界的日子结束了，现在在某某机场，让丈夫去接。丈夫激动地飞奔而去，可是，当他看到她后，却毫不留情地转身离开。

妻子追上来说："我这半年，日日忍受着撕心裂肺的整容手术疼痛，就是为了给你一个惊喜，难道我现在的样子你不喜欢吗？"丈夫回转身来，流着泪说道："你现在确实很美，可是，我爱的是那个真实的你，胖得那么可爱，眼睛虽小却机灵，没有鼻梁，可鼻尖翘得老高，脸上的雀斑在你笑时一跳一跳的，那样的你真是美极了。求求你把原来的那个她还给我吧！"

自作聪明的妻子，以为男人都喜欢美色。殊不知，处于真爱中的男女，早已超越了一切外在条件的限制，他们只是单纯地喜欢一个人，没有一丝一毫的理由。

7 真爱不会随着时间而逝去

有一位男士跟第一位女朋友分手后，把与其相关的所有东西装进了一个盒子，埋在了土里；交往第二位、第三位、第四位女友，他都以同样的方式，做了记忆的保存。等到花甲之年，他颤颤巍巍地来到埋有这四个盒子的地方，把盒子一个个挖了出来。

第一个盒子里装的是他初恋的东西，他抚摸着一只用红色塑料线编织的小鱼，说："她教会了我什么是男人！"第二个盒子里的东西，是一个只陪伴了他几个月的女人的东西，他说："她教会了我什么是原谅！"第三个盒子里装着他第一任妻子的东西，她陪他走了十年的时光，他说："她教会了我什么是女人！"第四个盒子里是他已故的第二任太太的东西，他久久凝视着里面的东西，最后慢慢吐出一句："她教会我什么是真爱！”

老人已经不记得跟这四个女人的纠葛和矛盾，只是清晰地记得一些温暖的场面，跟第一任女友牵手时的紧张和心跳；背着第二任女友爬一百多阶的楼梯；跟第一任太太结婚时的各种小意外；与第二任太太遇见时那种电光石火般的感觉。

在他看来，有些东西不是自己想忘记就能忘记的，因为曾留下了深刻的记忆，所以无论时光怎么洗刷和打磨，都不曾褪去。

这位先生在他结束一段感情时，不是去忘记，而是以保存记忆的方法，留下了一些美好的东西，这些东西在他花甲之年想起来，就像一首首耐人寻味的老歌，带着一点忧伤的曲调，丰富着他的人生。

我记得有位朋友说过，在他与第二任太太结婚后，唤她时，经常叫出第一任太太的名字，这让他的新妻很是不满，以为他对第一任太太还有感情。他说，“感情谈不上，有记忆是真的”。因为两人生活久了，彼此已经深深地刻在对方的脑海里，一时半会儿要全部忘记，哪有那么容易。

有些人一旦与对方分开，会拼命想忘记对方，会删除对方的联系方式，扔掉与对方有关的一切东西，即便碰面也假装不认识。可是往往适得其反，你越想忘记，记忆反而越深刻。其实，把一切交给时间，走着走着，该忘的也就忘了，而留下来的大多数都是深刻的无法抹去的记忆。

8 学会处理焦点问题

有一个调查数字非常惊人，90%以上的离异人士会经历第二段、第三段，甚至更多段的婚姻生活，结婚次数越多，他们的幸福指数就越低。

你身边可能也有很多这样的人，他们的感情生活好像进入了恶性循环，他们在几十年的时光里，连结了好几次婚，可他们并没有从这些婚姻中受益，反而越往后越有种破罐子破摔的感觉。

多数人以为一个人能与另一半白头到老，那才是命好；而一个命运不济的人，才会经历那么多次婚姻。所以，结婚次数多的人也就误以为是自己天生命不好，感情才会遭遇接二连三的挫折。实质上，问题的关键不是命，而是人本身。

一段感情不会无缘无故结束，很可能是很多问题累积到了一起，长期得不到解决，变成了死结，才会让两人产生走不下去的感觉。如果我们能定期地审视一下自己的婚姻，反省一下自己，拓宽一下自己的思路，无数条路就会摆在自己面前，而不是只有一条死胡同。可问题的关键是，处在婚姻中时，每个人都不能客观正常地审视自己，感情虽结束了，我们却还在指责对方，抱怨对方，鲜少去挖掘两人出现问题的关键原因，更别说处理焦点问题了。

如果我们不能解决第一场婚姻中存在的问题，那么，第二场婚姻依然会因为类似的问题而走向终结。即便你不断开始新的生活，但如果不能审视自身的问题和认清婚姻中存在的问题，每一段感情大概率都不会长久。

王先生喜欢打麻将，耳根又软，狐朋狗友一叫，他就会不受控地流连在麻将桌上。他跟第一任妻子结婚七年，这七年间，他的妻子因为这事没少跟他折腾，一开始是好言相劝，后来一把鼻涕一把泪地跟到麻将桌前，再后来是给他那些一起打麻将的朋友打电话，让他们不要再诱惑自己的丈夫。但是丈夫不仅不收敛，反而对她动用了暴力，妻子终于心冷，不再过问，直至最后心灰意冷地决定离婚。王先生不知道自己打麻将对妻子伤害有多大，他觉得那只是一种娱乐方式，是自己的一个小嗜好，妻子如果爱他就该给他这个自由。

后来，王先生又跟另一名女子结了婚，一开始他向妻子坦承，自己有打麻将的嗜好，希望对方能给他自由，让他偶尔出去搓几把，可问题的关键是他不是“小搓”，一押就是好几万，而且夜出的次数越来越多，有时候好几天妻子都见不到他人。只过了一年，她就选择了跟王先生离婚。

以后的好几年，王先生也结交了几个女朋友，但大家一打听他爱打麻将，就没下文了。后来他又遇到一个精明的女人，女人愿意跟他结婚，但拟了一份合同，意思是王先生要金盆洗手不再接触麻将，如果打一次，家里所有财产归妻子所有，丈夫净身出户。王先生渴望婚姻，希望有个家，可他又实在舍不得麻将桌，最终还是没有签这份合同。而今，十多年过去了，王先生还单着身，虽然他两年前已“改邪归正”，可家底早被他输光了，现在上了年纪，没房没车没存款，身上还背着好几万的债，哪个女人还愿意嫁给他啊！

王先生现在常常想起他的前两任妻子，如果当初能听她们的劝，不去打麻将，现在他也不会落到孤家寡人、穷困潦倒的境地。可是，此时再后悔，时光也已经不能倒转了。

实质上，王先生并没有把婚姻不幸的焦点问题想透彻。他如果只是偶而跟同事朋友们打几把，大概两任妻子都不会反对。问题的关键是他只是随着自己的心意做他想做的事情，忘记了自己对妻子、对家的责任。即使王先生改了打麻将的习惯，但基于其他的爱好仍是夜不归宿，或者不去安抚妻子不安的心理，他的婚姻一样没有好结果。

所以，处在一段感情中时，我们首先要明白自身的责任，那就是你跟对方已经合二为一，你在考虑自己的感受时，也要考虑别人的感受，大家相互爱护、彼此安抚，给对方一份心安从容的幸福。在感情里，如果整日面临的是惶恐、不安、痛苦和怨恨，人很容易被这些情绪磨尽。

每段感情结束后，不妨静下心来思考一下，为什么会走到今天这个地步？如果依然理不出头绪，不妨把自己的经历说给别人听，寻求帮助；或者出去散散心，看看风景，有些问题当时想不清楚，慢慢琢磨，某一天或许就豁然开朗了。有的时候，我们还需要回忆跟前一任的某些美好过去，那个时候的你到底是怎样一个人？你身上的哪些品质让他对你喜爱有加呢？**也许回忆会让你再次痛苦，但能让你看到一个积极的充满正能量的自己，与现在的自己相比，那个时候的样子才是自己应该一直保持的。**要始终给自己以积极的暗示：“很快我就会再次遇到真爱，这一次我一定会经营得很好！我会拥有另一段美好的感情，并且我有能力会一直很好地经营下去。”在进入另一段感情时，能时时剖析和研究自身和婚姻存在的问题，并及时给予解决，自不会再有离婚这等事了。

9 学会怀着爱说“再见”

一段感情里，包含很多成分。

首先是爱情，因为爱，两个人走到了一起；接着是责任，因为想要让对方幸福，我们花了很多的精力；然后是期望，我们在付出的时候，也渴望着能得到一些回报，这样我们才能更有动力继续付出。我们苦心经营，努力期望，只是希望自己的这份感情是牢不可破、坚不可摧的，它能让自己徜徉其中，拥有一辈子幸福的时光。可是，我们的期望时常会落空，于是我们生气、郁闷、不满，我们的情绪变得很糟糕，我们从一个温文尔雅的人变得粗鲁不堪，我们被感情折磨得面容憔悴，我们努力地适应另一半“变坏”，努力地让自己喜欢上越来越平淡的生活，花着心思希望能改善两人的处境。但最终我们还是分道扬镳了。情感的破裂带来的那种撕心裂肺的疼痛，让自己终身难忘。

所以，如果我们足够明智，接下来我们就该踏上另一段全新的旅程，至于过去的那个人和与之有关的一切事，你的付出、期望，还有这期间遭遇的一切糟糕的情绪和后期结束时的痛苦，都与你没有了丝毫的瓜葛，你扬手一挥：就让它过去吧。

可是，这并非易事，虽然“再见”不过是再简单不过的两个字，可它并不能将我们的过去一笔勾销。

我见识过很多人，一段感情已经结束很久了，可他们依然无法从这段感情中及时抽身。“我忘不了那段感情！”“我恨死那个人了！”“感情让人心碎，我不想重蹈覆辙！”“你知道吗，我曾经遇到过一个多糟糕的人，他让我这辈子再也不相信爱情！”…… 人们总是絮絮叨叨地跟过去过不去，可他们从没有意识到，他们至今还在热议的这段感情，早在某个时段淡化了下去，不见了一丝踪迹。

跟过去的那个人说再见，虽说“再见”，未必这辈子还能再见，那么，对于一个不会再见的人，我们还有多少怨恨放不下？

跟过去的自己说再见。过去你不幸福，你感到痛苦、伤心、绝望，这样的自己，一点都不好，没什么好留恋的，丢开他，不做一丝的留恋。

跟曾经的付出说再见。能跟我们相濡以沫过一辈子的人确实有限，大家能走到一起实属不易，而且，能为一个人全心地付出也是一种福气，这辈子有多少人有着这样的想法却遇不到这样一个人呢！缘来相聚，缘浅别离。

面对自己的不良情绪，我们要及时地说声“再见”，这声“再见”也是对自己的解放和救赎。

10 总有一种疗愈心灵的方法适合你

一年前，一位老奶奶面容悲伤地来找我。她的女儿那时才二十三岁，在大学时谈了一个男朋友，两个人感情原本很好，可毕业后，那个男的为了出国留学，竟然选择了跟同班另一位有钱的女生闪婚，并在她女儿还不知情的情况下飞往了美国。

“当她得知这一切后，一下变得没有了一丝生气，她什么都没有说，就把自己关进了卧室，我们想进去，她却说‘谁进来我就死给谁看’。我们在门外守了两天，后来她出来了，微笑着跟我和她爸爸说对不起，并坐下来跟我们一起吃饭，她的样子看起来像是一点问题都没有了。可是，下午她还是干出了傻事，她撞车自杀了，虽然最终被救活了，可醒来后，她谁也不认识了，也不愿意与人说话，只是喊着要找回过去的自己。现在距她醒来已经过去三个月了，她总是趁我们不注意，溜出去找自己，可她去哪儿找呢？我该怎么办？求你帮帮我女儿吧！”这位可怜的母亲绝望地哭出声来。

我知道，她的女儿并非真的记忆丧失了，她只是用这样一种遗忘的方式消极对抗曾遭受的打击，不愿面对现实罢了。

我建议这位妈妈，不妨帮她的女儿换个环境，去一个清幽的地方休养。让她在美好的景色下，慢慢对过去释怀；我让她多给女儿讲讲她以前经历的有趣的事情，让她的情绪一点点变好。

一年后，这位母亲带着她的女儿来见我。那是一个漂亮的惹人疼爱的女孩，此时此刻的她变得很乐观，笑着跟我坦承，说那个时候觉得天都塌下来了，憧憬的幸福一下烟消云散了，都不知道接下来怎么继续人生。可等到想通后才发现，谁也不是谁的唯一，谁也不会因为少了一个人陪伴而活不下去。时间会冲淡一切，现在再回想过去，觉得自己好傻，为了一个不值得的男人伤了自己，也伤了父母。

女孩说得对，谁也不是谁的唯一，谁也不会没有谁就活不下去。当一段感情结束后，我们要做的不是怎么加重对自己的伤害，而应该努力让自己摆脱一切消极的情绪，积极往前看。以下方法，希望对那些感情受伤的人能有治愈的作用。

(1) 感情刚刚结束时，先不要忙着问自己怎么办，什么都不要想，做一次大汗淋漓的运动，让自己累得一点力气都没有，然后倒头睡去。等一觉醒来，你会发现，太阳那么美好，空气那么清新，崭新的一天到来了，没什么大不了。没有对方，没有了这份爱情，地球照样转，太阳照常升起，而你依然活蹦乱跳。

(2) 放下手头的一切事情，什么也不想，一个人出去旅行，去想去的地方，让情绪得到宣泄，身心得到放松，慢慢地，一切伤害都淡去了，有些人走着走着也就忘记了。

(3) 做以前从未做过的事情，跟着“驴友团”出去旅行，加入自行车队或者背包客行列，用热闹冲淡内心的忧伤。最难熬的就是刚刚结束感情的那段时间，等这段时间过去，即便我们回归了正常生活，痛苦也不会那么大了。

(4) 为爱疯狂未必有果，为事业疯狂定会有收获。当感情不在时，我们与其沉沦，不如努力去做一份有意义的工作，成就感会很快让人重拾自我。

(5) 多读书，书能开导我们，也能帮我们解开心结，一本有利于情感疏导的书，不但能帮我们转移注意力，也能让我们跳开闭塞的思维，让自己的世界豁然开朗。

(6) 与其在一种情绪里不能自拔，不如理一下思绪，思考一下导致两人关系走到终点的原因，反省自己，把彼此的不足和问题写下来，预测你们改变问题后的未来，做一次尝试。如果感情能破镜重圆最好不过，如果对方不愿尝试，说明没有回头路可走了，不如放手，勇敢地追寻下一段恋情，你要给自己这样的暗示:“跟他结束，意味着我有机会遇见比他更好的人。”

(7) 你需要倾诉，但没有人会一直像垃圾桶一样接受你的一切负面情绪，既然如此，不如把自己的苦水全都倒(说)出来录下，然后放给自己听。不停地录，不停地放，只要情绪得到宣泄，伤痛自然就会减淡很多。

(8) 找一个过来人聊天，因为他曾有过跟你一样的遭遇，会理解你现在的痛苦。他给你的每一条意见你都要细细听，这对你是宝贵的财富。

第五章

职场男女——金星人与火星人共事的艺术

- 恋爱和职场是两码事。一个男人会因为爱一个女人原谅她的无能，但一位男同事可不希望自己的女搭档是个拖后腿的家伙。

- 有 90% 的男人最讨厌的是女人的嘴：话多，喜欢议论别人，且不分场合。

- 男人的死穴是什么？在被调查的人中竟然有 73% 的人的回答是面子。

1 每个职场都有一个“万人迷”

在职场里，什么样的人才是“万人迷”呢？

- **男人有以下特质。**

(1) 有真才实学，内心饱满，外表却谦虚低调。

(2) 说话铿锵有力，简短干练。

(3) 求人时，能用“麻烦”“请”这样的词，并适时补充一句“谢谢”。

(4) 和颜悦色，不较真，不轻易动怒，有好脾气、好修养，懂幽默。

(5) 工作中很少犯错误，工作效率高，即便不加班也能把工作完成得很好。

(6) 注重团队精神，善于配合，不随便指手画脚，看事情能指出重点。

(7) 不否认女士的作用，从不吝啬对有能力的女士的赞美和支持。

(8) 善于帮助别人，不是敷衍了事，而是尽心尽力。

(9) 善于修饰自己的外表，驾驭自己的形象。相貌出众与否不重要，重要的是要面容清洁，衣装整洁利落，体现出一种干练的职场精英形象。

(10) 有着黝黑亮泽的发质和散发着淡淡香味的男士，会从女人那里得到最高的魅力分。

男人也许从不知道，自从他们进入公司那一刻开始，女人对他的议论就开始了，他能不能从女人那里获得较高的魅力分，或者被称为“万人迷”，一切要看他自己的努力。

合适的身高、出众的外貌，或者富有磁性的声音，这对男人很重要，却不是最重要的。因为职场男士“万人迷”中，有很大一部分的个头一般，相貌一般，声音也很普通，但他们一样深受女性欢迎，因为他们工作能力强，却从不骄傲；他们形象一般，却很自信；他们衣着简单，但总能搭配出独特的味道；他们与女人聊天，不会刻意阿谀奉承，也不会自大傲慢，而会掌握一个合适的度，友善、大度、好脾气，能倾听女人的话，并对她们的处境表示理解和同情。他们不似男闺密那样让女人无所顾忌，但也不似男领导那样跟自己保持绝对的距离，大家能聊到一起，并感觉非常愉悦。这样的男人才是职场中的“万人迷”。

那什么样的女人才是职场中的“万人迷”呢？

• 女人有以下特质。

(1) 女人的魅力主要来自自身的气质，一种腹有诗书的气质，或自信大方的气质，抑或一种快乐可爱的气质。气质鲜明，自然就有了目光追随。

(2) 话可以多，但说的要让人爱听，絮絮叨叨，废话连篇，一下就会影响女人的气质。

(3) 尊重身边的人，不随便抢话或打断别人，即便有这样的举动，也要客气地说：“我可以打断你一下吗？”

(4) 跟其他女人能一起八卦，但不会八卦领导，也不会八卦同事，如果其他同事有类似嗜好，自己主动离开，从不参与。

(5) 不抱怨自己干了多少工作，有多累，或者加了多少班。一个有能力的女人，不但处理工作时游刃有余，也总能以加班的方式，使自己的能力得到更大的提升。

(6) 有个性，但脾气不火暴，用流行的一句话来说是“有锋芒的善良”。

(7) 能原谅别人的过错，即便忍无可忍时，也能有风度地警告对方，然后再爆发。

(8) 不会把个人的情绪轻易地带入团队，公私分明。

(9) 用能力站稳脚跟，用魅力提升团队影响力，用好心态赢得好人缘。

(10) 善于驾驭高跟鞋和打理长发的女人，会在男人那里得到较高的魅力分。

在职场里，女人的影响力有时不亚于男人，一个气质非凡、相貌出众、能力超群的女人往往会带动团队里的男人充满战斗力。

女人的相貌和气质虽然也非常重要，但在职场里，需要的是人的综合气质。假如女人空有魅力，没有能力，自然不会成为“万人迷”；如果只有能力，却没有女性气质，那也只是女强人。一个职场女性“万人迷”，一般都是在细节处懂得修饰自己，能力不亚于男人，但态度绝对友善亲和的人，她们站在那里，气质和能力震撼人心，接触时却又平易近人，像知心大姐姐一样。从她那里听到的都是一些高品质的谈吐，没有废话和八卦。她们对自己要求很高，对别人也一样，只是在要求别人时，会表现出温和的态度来，让人容易接受。

你所在的职场里有这样的“万人迷”男士或女士吗？也许你就是？

2 女人的能力和魅力

我母亲曾对我说，无论你处在哪一行，必须有两把“刷子”—— 一个是你的能力，一个是你自身的魅力。

我一直研究不透这两者的关系，在我看来，一个有能力的女人自然是有魅力的，而一个魅力不凡的女人，不凡便是她的能力。但随着接触的人的增加，慢慢地我又发现，这两者之间存在巨大的差异。

两年前，我因为身体小恙住进了医院，邻床住的是一个三十多岁的女人。从我入住医院的第一天开始，她就絮絮叨叨跟我说自己有多累，下属有多难管，工作有多难做，团队配合有多不易。从她讲的这些来看，她应该处于一个较高的职位，并领导着很多人，可奇怪的是，她住院两个礼拜了，几乎没有同事来看过她。她每次打电话或接电话时，一开始态度还行，可没说几句话，对方就像惹毛了她一般，她的口气立即来了一百八十度大转弯，并以“行了行了，你别跟我废话连篇”为总结挂断电话。挂了电话，她便开始跟我数落起电话那头那个人的不是。

因为没有人来看她，加上她的样子看起来根本不像精明强干的职场精英，所以，我猜测她可能在跟我撒谎。

没想到，在我出院的那天，病房一下子来了二十多个人，各种果篮、点心、营养品一下塞满了这位女士的床底。只是奇怪的是，这二十多个人只是露了一下面，一个代表讲了两三句慰问的话，前后不过三分钟的时间，大家就散去了。

此时此刻，我才明白，这个被人叫作“马总”的女人确实在一家大公司任总监一职，只是她平时脾气不好，对下属苛刻，大家都不愿单独来看她，后来，大家组了一个团队来探视她，算是完成任务。马总处理问题的能力确实不错，从她用简短的一分钟时间给探视的人安排工作不难看出，她条理清楚，记忆力超强，每个人该干什么、怎么干，她都说得滴水不漏。但是，让人遗憾的是，她的这种能力并没有帮她提升魅力，她没有那种天生的职场精英的魅力，也没有那种后天修养得来的为人亲和的魅力，更没有那种轻松驾驭下属的魅力。

能力对女人的影响是什么呢？在职场里站稳脚跟；与男人比肩奋战；尽情展现个人的价值。能力可以让女人实现自己的梦想，更快地成为一个有影响力的人。有了这样的能力，女人就可以在职场、商场披荆斩棘。

可问题是，如果女人以能力强为理由，看不起身边的同事，凭职位之便随意打压下属，并以此为借口骄傲、自负、易怒，那么这种能力对增加她的魅力不但没有任何意义，反而会阻挡她魅力的释放。

所以，有能力的女人不见得就有魅力。

魅力对于女人来说是至关重要的，也许她天生能力平平，可是她有着女人的优势——漂亮、身材好、声音性感，举手投足都散发出浓浓的女人味儿。这样的女人让人看一眼就会很喜欢。但是，**恋爱和职场是两码事。一个男人会因为爱一个女人而原谅她的无能，但一位男同事可不希望自己的女搭档是个拖后腿的家伙。**所以，在职场里，一个魅力十足的女人，往往会因为能力不足而令魅力在不自觉间慢慢消失。

女人在职场上，不但要保证自己有足够大的魅力，也要有做出成绩的能力。有了这两把“刷子”，女人就不怕在职场吃不开了！你的努力、成就和结果都是自己的尊严。

请记住，美国的大法官露丝·巴德·金斯伯格(Ruth Bader Ginsburg)的座右铭，与所有女性共勉。Be a lady：不要被愤怒这种无用情绪所控制，要用理性思考问题；Be independent：你可以嫁给王子从此幸福生活，但请永远保持独立。

3 男人的肚量和分量

我小时候第一次读《三国演义》时，因为周瑜的死而恨极了诸葛亮。书中的周瑜姿质风流、仪容秀丽，算是三国时期的美男子，更重要的是他有才华，其谋略有时连诸葛亮都感叹望尘莫及。这么一个完美的男人，怎么就让诸葛亮气死了呢？后来，等我步入社会，与更多人有了接触后，才发现男人身上还有一样东西非常重要，那就是肚量。

肚量是男人步入职场受人赏识、获得好人缘的关键。一个男人长得再好看，凡事喜欢斤斤计较，但凡有一点理就要跟人争个面红耳赤，心里不舒服就立即吹胡子瞪眼，尤其那种一生气就摔门、拍桌子、丢东西泄愤的男人，他们的气性很容易成为他们职场发展的瓶颈，而且在别人心目中的分量，也会因气量小被折损。

我在很多年前认识两位男性，一位是某工程公司的项目经理，姓李，一表人才，气度非凡，如果不跟他说话，光看他的外表，是没有理由不喜欢他的。可是，在跟他交流后才发现，他的气量太小，凡事要顺着他的意，一旦意见相左，他会立即脸一沉，大声来一句："你懂什么啊！"好像别人都不及他一般。

有一次，我跟几个朋友去他家拜访，那天正赶上他过生日。原本一大家子围坐在一起，一团和气，可期间他女儿要去舞蹈班上课，小孩想要凑热闹，就不提上课一事，而家人忙着准备过生日，也将孩子上课的事忘得一干二净，等到有人想到时，离孩子上课只剩几分钟了。于是，李先生先对自己的母亲、妻子一顿训斥，接着回屋教训孩子，孩子因为顶嘴挨了一顿打，小孩妈妈过去劝阻，他又一巴掌甩到孩子妈妈脸上。最后，他谁也不理，拉起哭泣的女儿摔门而去。他刚出门，他妹妹就说了一句："老哥这脾气也太臭了吧！"巧的是，他正好忘带车钥匙，正返身回来取，听到这话，一脚飞出去，当场将他妹妹踢倒在地。我们一众外人看得目瞪口呆，谁也不敢吱声，唯恐他的怒火烧及无辜。

自从这件事后，他在我心目中的形象一落千丈，而在座的几个人又把这事说给了各自的爱人和朋友听，大家相互传播。很快，但凡认识他的人都知道了他那天的"壮举"，慢慢地，大家都不愿意与他来往了。后来，他主动邀请过我跟先生几次，虽然我们想要努力恢复对他的好印象，却发现这事根深蒂固，在脑海里怎么也抹不去。这让我想起这样一句话，建立一段关系需要好几年，毁掉一段关系却只在一瞬间。

另一位男性是王先生的司机，姓夏，三十多岁，没什么文化，两年前从村里走出来，给王先生当司机。在他之前，我们也听闻王先生换过无数个司机，唯有他干的时间最久。后来在简单的接触中，我发现小夏是个了不起的人。有一次，我跟先生搭了王先生的顺风车，当时，小夏因为一个疏忽开错了道，王先生非常恼怒，也不避嫌，当着我跟先生的面，大声数落起小夏来。虽然只是几句，但句句都很难听，小夏却笑一笑说了声抱歉就不吱声了。我想他肯定心生闷气，情绪很坏，可让我意外的是，等到王先生再跟他说话时，他就像刚才的事从未发生一样，心平气和、和颜悦色地回答，并很快就开起玩笑来。王先生看看我，对小夏直竖大拇指。

几年后，一个偶然的机会，我们与小夏又碰面了，此时，他已是一家路桥公司的第二负责人了。他告诉我当时运气好，认识了一位能力不错的老板，在对方的帮助下，他很快了解了承包工程的各项事宜，跟着对方干了两年后，对方就把他推荐到了现在的这个位子。

当我们夸他了不起时，他腼腆一笑，说都是他运气好，遇到了好人。再问王先生的近况，他告诉我们，王先生辞职了，现在在家“享清福”呢！其实，我跟先生早有所闻，两年前，王先生因为得罪领导被请辞了。从公司出来后，自己也做了一些事，但都做得不太好，后来连房子都卖掉了，状况很是凄凉。

我们跟小夏核实当时的听闻，他却说了这番话：“其实，王先生人还是不错的，心地善良，能力也强，这些年可能运气不太好，等过了这阵子，人家肯定又会很好的，毕竟能力还是有的！”

不说人坏话，不用自己今日的顺境报复昨日打压过自己的人；不吝啬说好话，不炫耀，行事低调，为人和善，这就是一个相貌普通的男人身上具备的优秀品质。小夏没什么文化，能力也不见得比王先生强，可他之所以“运气好”，跟他表现出的好品质不无关系。而王先生的落败跟他的胸怀气度也定会有着千丝万缕的联系。

俗话说：“宰相肚里能撑船。”**一个男人，越是居于高位，越要拿出不凡的气度和博大的胸怀来，这是他能否游刃有余地处理各种人际关系，不断拓宽自己事业版图的关键。**

我曾问过身边的很多女性，在她们眼里，什么样的男人更吸引她们，她们的回答清一色是：有肚量，不与人计较，凡事一笑而过的人。女人喜欢有肚量的男人，而男人与男人的交往需要的也是这种肚量，气量太小、心胸狭小、难以为友，很难一起合作发展。

有时候，我们常以男人的房子、财产、能力来衡量他的分量。一个事业有成的男人说话就是比一事无成的人有分量；一个能力非凡的男人比一个能力平平的男人更具号召力。但是，对于一个男人来说，能加重他分量更重要的是他本身具备的很多东西，比如，他的能力、他的才气、他的洒脱、他的无所畏惧的气质和他那种拿得起放得下的干脆。一个男人只要随着自己的心，自信、随性地生活，看淡所谓的功名利禄、金钱财富，不受外界的影响，活得真实而快乐，他就是一个有分量的人，一个值得称道和敬佩的人。亦如画家凡·高、作家雨果，他们并没有让人羡慕的财富，但他们那种从内而外散发的个人气质，一样受人追捧和敬仰。

一个男人因为脾气好、能力强加重了在别人心目中的分量，而一个有分量的人必然是"宰相肚里能撑船"的人。**作为职场人士，先敞开自己的心胸，把肚量变大，提升职场能力和水平，再用个人的形象来加重在别人心目中的分量，才是智慧的选择。**

4 “客气”是一种强大的磁场

翻看一些职场书籍时会发现，从前的商人对他们的新店员要求最严格的一点，就是要对所有的客人客气相待，而最佳方式就是说话的语气尽量柔和客气，说话时将自己的腰尽量弯下来。

“您好，欢迎光临，请问有什么可以帮您的吗？”这句话至今被使用在各种服务场合。那些服务至上、态度热情的店面时常也是顾客盈门。

常听人说，说话客气好办事。实质上，不管是求人还是被人求，都需要一种客气的态度，根据心理学的观点，为人客气，会给人一种心理上的愉悦感。别人心情好了，对你的所求也就会尽量满足了。

在职场里，不管是男人还是女人，都该有一种“客气”的为人处世之道，懂得语言上的客气、举止上的客气，还有眼神中的客气。客气是一种强大的磁场，只要运用得当，就能成为你的优势。

与你的同事接触时，经常微笑，常说：“早上好啊，我这里有早餐包，要不要来点？”“我这里遇到了一点小麻烦，麻烦你帮我一下可以吗？”“现在这项工作，需要你的配合才能很好地完成，我们一起努力好吗？”在见面或分开时，说“早上好啊”“大家上班愉快”“再见，路上小心点”“明天见哦”等客套语，都会提升一个人的魅力。

与客户交往时，用点头和弯腰作为见面礼节，尽量做出标准的接待姿势。“您好，很高兴见到您，让您跑一趟真是辛苦了。”“这是我们的方案，请您过目，希望能让您满意。”“能跟您见面真的很荣幸！”“您慢走，希望合作愉快！”……这样的客套话，会加深客户对你和公司的好印象，一个好的态度往往比一种好的产品更具说服力。

一个人之所以更愿意跟另一个人交往，是因为对方能让自己感觉愉快、舒服。如果对方说话不客气，举止傲慢，自以为是，不管他是多了不起的人，我们一样不会对他有什么好感。

有一次，我跟先生一起看陈道明主演的《康熙王朝》，我夸对方演技好时，老公接过话茬儿跟我说："陈道明戏演得很好，长得也不错，而且我听说，这个人很有才，写得一手好字，但人家很低调，从不炫富，为人也是亲切随和，是个很有修养的人。"

在许多的娱乐新闻和八卦中，看到有的明星只要有了一点成就，就开始耍大牌，态度傲慢，自以为是。陈先生能如此，还真是娱乐圈里的另类。自此以后，从不追星的我竟将陈先生当成偶像，每每在电视里看到他，都觉得他顶着一种别样的光环。

都说山外有山，人外有人，不管我们是怎样的人，都没什么了不起的。不管身处何地，把自己的姿态放低点，客客气气地对待你身边的任何人，如此一来，比不上你的肯定会感激你，比你强的也会喜欢你。在职场里，最让人厌烦的就是那种自身没什么能力，却还要装了不起，动辄口气大、姿态高的人。

5 为他人鼓掌，哪怕是对手或敌人

几年前，我应一家杂志社的邀请，成了他们心理板块的签约作家。一次去公司坐班时，正赶上社里为一个重要的职位竞聘选人。社长让我也参与其中。

在各个部门推荐的几个人做完竞聘演讲后，几个领导一致觉得王女士和张先生是最佳的人选，只是职位只有一个，选谁更好呢？领导们的天平一致倾向了张先生，但是为了对他进行最后一次考核，领导分成两个组，将王女士和张先生分开，分别向他们宣告了落选的结果。

张先生听到自己落选的消息，沉默了片刻，然后说道："我并不觉得自己比对方差，这次落选，一定有落选的理由，下次我绝对不会再输的。"说完，他走了出去。

王女士听到自己落选的消息，神色也有片刻的黯淡，但很快就调整好了自己，并说道："老王确实很优秀，他能胜出也是意料之中的事，虽然我并不觉得自己比对方差，但既然他能胜出，我真心祝贺他。也感谢领导的信任，让我参与到这次竞聘中来。如果下次还有机会，我一定会好好把握的。"说完，她鞠了一躬，走了出去。

出门后，王女士正好与张先生碰面，她笑着迎上去，伸出了手。但是，张先生明显心有不服，说了一句"祝贺你"，就匆匆往前去了，丢下一头雾水的王女士。

两人的碰面全被领导收入眼中。最后，王女士反败为胜，成了这个职位的竞聘成功人选。

很多人觉得，女人之所以在职场里坐不到高位，是因为她们没有足够宽广的胸襟；而认为男人更大气，凡事看得更开，目光更长远。

实质上，这只是片面的说法。不是所有男人天生都大气，也不是所有女人都小气自私。在职场里要成为什么样的人，凭的是个人的觉悟和自我的不断提升。

作为一个普通人，有自私、嫉妒的情绪再正常不过。当你昔日的同学传来喜讯，当你远方的朋友赢得桂冠，当你身边的战友取得骄人成绩，而你还在原地踏步时，心生嫉妒、郁闷、抵触也是难免的。关键是我们该如何把这种情绪转变成能量，应在把祝贺的手伸给对方的同时，下定决心，奋力追赶。

在职场里，当男人发现别人比自己厉害时，他们的嫉妒情绪往往比女人还要厉害。男人天生追求成功，他们会在别人成功、自己失败时充满挫败感。短暂的失意会让他们不懂得如何调节情绪，在祝贺对手的过程中，显得自己小气。往往就是对这一细节的不注意，令男人在别人心目中留下了小气、心胸狭隘的印象。

女人因为对成功的追求欲望没有男人那么强烈，所以，当她们在一场竞争中失败后，她们的失意感不会很强烈。她们天生喜欢把一切不快说出来，等她们抱怨完，消极情绪也就随之消失了。但是女人的问题是，她们的情绪更容易外露，所以在对手胜过自己时，她们不会像男人那样失意离去，或者违心恭贺对方，而更多可能是会表达一种愤怒的情绪，比如瞪别人一眼、说一句难听的话，或者从此与对方化友为敌。女人有时候不会考虑自己是不是技不如人，而更多是把别人的成功看成偶然。

其实，无论男人还是女人，身处职场需要做的就是善于调节自己的负面情绪。我们可以在亲人或者爱人面前毫无保留表达自己的负面情绪，但职场不行。用积极的态度处理一切棘手的问题，我们才能如鱼得水，而消极的情绪则很可能将我们推入落败的境地。

所以，**在职场中，如果面对同事或竞争对手的成功，收藏好一切个人的情绪，真挚地向对方说一声“祝贺”，不仅能彰显个人的气度，而且能显现个人能力。**那些放不下恩怨，容易被自己的情绪控制，只求赢却输不起的人，才真正无能。

每一个获得成功的人，都开心地想要把自己的成果跟人分享，你的祝贺既满足了他的分享心理，也是对他能力的肯定和支持，这会让他心生感激，并永远记住你的这份情谊。

6 好好说话，不八卦

我在做一项调查时发现，很多女人之所以丢掉工作，跟她们喜欢八卦、不分场合地议论他人脱不了关系。

有人曾问这样的问题：男人最讨厌女人什么？

所有回答的男人中，**有90%的男人最讨厌的是女人的嘴：话多，喜欢议论别人，且不分场合。**

女人常以为，几个人聚在一起，议论某个让她们看不习惯的人，八卦一下他人的新闻，评价一下他人的着装打扮，评判一下他人的性格特征，是一件非常有趣的事情，而且容易引起共鸣。

女人们常常叽叽喳喳地聚在一起八卦别人，男人们这时便退避三舍。对于男人们来说，与其参与这种毫无意义、浪费时间的话题，不如看一会儿球赛或者新闻。当然，也有一些男人喜欢混迹在女人堆里，参与女人的话题。

实质上，不管男人还是女人，八卦都会在别人那里落下话柄，甚至可能成为被别人攻击的切入口。

曾经有个女孩来找我，她说自己刚刚被公司开除，而这一切完全拜她的好姐妹小王所赐。

某天，她从别人那里听闻老板刚刚离异的消息，于是，将一众同事召集到一起，宣布了这个“重大新闻”，并让大家这些天留心，别往老板的枪口上撞。

可是，第三天老板就让她走人了。她不明就里，原以为自己工作没做好，正好碰上老板的坏情绪，所以成了待宰羔羊。不过，她还是心有不甘，因为以前老板是最器重她的，而她的能力在公司也是数一数二的。所以，在离开公司前，她找老板询问自己被炒的真正原因。老板抬头看着她说：“这里是工作场合，不是你八卦的娱乐场地。”

女孩羞愧地离开了公司，半个月后，公司一名同事告诉她，是她的好姐妹小王告发了她。“你知道吗，老板原本想让你接手公司相关事宜，帮他打理一阵子的。你走后，他就让小王接管了一切！”

职场是个复杂的场所，每个人出于个人利益的考虑，难免要动用一些脑筋来稳固个人的实力。如果没有十足的把握，最好不要因为嘴巴而将自己置于危险的境地。

女人爱说话是天性，爱八卦也无可厚非，但八卦到同事、上司、领导头上，且八卦一些不好的事情，那就是愚蠢了。

在职场里，男人喜欢打交道、常来往的，往往是那种爱说别人好话，不参与八卦，也不议论别人是非的女人。女人像水一样，静静地坐在自己的办公桌前，努力地工作；休息时，看看书，与人聊聊工作，多向人请教提升工作的技能，这对自身有利无害。

当别人大肆议论某人的不是时，可以帮其说说好话，以正面客观的态度做评判，不为取悦谁而随声附和，如果某人因为你不参与八卦而排挤你，就不跟这类人深交，免得某天他把八卦的矛头指向你。

很多人的魅力在于，他们很少去议论别人的是非，即便有看不顺眼的人，他们也不会做太多的评价和贬损，因为他们知道这对他们没有丝毫益处。

在工作场合，趋利避害的最佳方法就是尽力去提升自己的业务能力，能不八卦尽量不去八卦。男人要遵从这条，女人亦如此。

7 尊重从了解彼此的差异开始

我有一位当主编的朋友，有一段时间，她一见我，就会向我抱怨她单位的一名设计人员。这个小伙儿人长得不错，跟领导的关系搞得很好，他的设计能力也算是不错的。能力强，会来事，在职场算是如鱼得水。

可是，我的这位主编朋友偏偏不喜欢他："你知道吗，我让他做的设计，三天了都还没有一个大概！""我去找他时，他正在给老板网购呢！""你知道吗？他顶撞我！""他有一堆完不成工作的理由，可我明明看见他一下午都趴在那儿睡觉！”“我是有理由生气的，可他气性比我还大！”“我跟老板说了，这公司有他没我！”……

从朋友抱怨的这些问题来看，他们的关系似乎已经到了水火不相容的地步。可是作为一个旁观者，我觉得他们之间的问题小之又小，仅仅就是工作不合拍。而不合拍的原因是，他们之间是有差异的。

我的主编朋友是个女性，女性特有的细致使得她对工作不容有丝毫马虎，在她看来，一项工作的完成，文字和设计是不能脱节的，文字和设计都是她工作的一部分，所以，她要监督对方，尽快完成自己工作的全部。可是，对于这位男性来说，他认为，“文字是你的工作，设计是我的工作，我有时间帮你完成就行，至于什么时候完成，得看我手头工作的轻重缓急”。在他的眼里，老板交代的即便是小事，也要比主编交代的任务重要得多。基于这个理由，他可以名正言顺地先完成自认为重要的工作。这就是男女思路的差异。

女人通常会把很多事情混在一起，而男人却要理智得多，他们总是有条不紊地把各种事情一件件排开，对于此时做哪一件，接着做哪一件，他们是有很清晰的规划的。而女人即便一开始很清楚，可是只要临时有事情加进来，她们的一切条理就会被打乱，这让她们时常烦躁不安。

所以，当男人和女人相互搭配工作时，女人与其抱怨和生气，不妨先听听男人是怎么看的，因为他们一般都能帮女人厘清思绪。职场中，男女的交往建立在彼此尊重的基础上。不管你的资质是深还是浅，一起共事就是平等的关系，要想相互配合就得拿出耐心和好脾气来。

而男人在寻求女人的帮助和合作时，只要对她们值得骄傲的某一特质夸赞一下，比如“漂亮的某某”“大眼睛的某某”“万人迷某某”“气质非凡的某某”等，赞美性的开头，会让她们的心情变得非常甜蜜。

女人在工作中如果有抱怨，男人与其针锋相对，不如听她们宣泄。通常女人抱怨的并不是具体合作的某个人，而是对她所从事的工作的不满。两人发生矛盾时，男人可以先拿出耐心安抚对方，当女人情绪失控时，需要的往往就是理解和安抚，如果以牙还牙，只会将两人的关系弄得更僵。

不管是男人还是女人，情绪产生时，不要忙着爆发，你的一次不冷静，很可能给对方留下终生的坏印象。大多数的冲动，当我们冷静下来后都会追悔莫及。与其后来追悔，不如一开始就做对。

职场里，女人切忌抱怨工作、抱怨他人，有不满别随便宣泄，有矛盾时不妨想想，**他是男人，有着跟我不一样的行为方式，也许我只是没有弄明白他表达的思想罢了；而男人，要想把异性之间的关系处理好，除了心胸要放宽，关键还得学会安抚女人**。只要你能心平气和地处理问题，她们很快会冷静下来。

8 不要轻易触碰男人的面子

在我接触过的很多夫妻中，男人之所以选择离开妻子，多数是对方伤及了他们的面子。而在职场中，男女同事间关系恶劣，往往跟女人当众让男人下不了台有关。

女人说:“你家最近是不是停水了?”男人笑一笑,没当回事。女人说:“身上怎么这么臭啊!”男人的脸“唰”的一下红了,看看周围的人,他郁闷难耐。从此以后,他对这个女人有了严重的成见,以后都不怎么待见这位女士。

男人的面子有时候比他们的性命还重要。如果有人不识趣,当众损了他的面子,那他可就不客气了。另外,在涉及个人面子的事情上,男人也会慎之又慎,宁可错失机会,也不会轻易做出没面子的事。

一对夫妻从一家大公司双双辞职后,又去了不同的公司发展。只是最后,他们两人都意识到,后面所有待过的公司都不及第一家好。想到这里,妻子建议两人重回旧部,但丈夫的头摇得像拨浪鼓:“都出来了,怎么好意思再回去!”最终,夫妻两人做了不同的选择,妻子给上司打电话,道了歉,又回到了原来的公司,后来做得很好,而丈夫即便有一百个回去的意愿,却碍于面子,选择了放弃。

男人在家里需要面子,在单位需要面子,在朋友面前需要面子,在社会上更需要面子,男人因面子而生存。他们努力出人头地,拼命赚钱,不断提升自己的能力,在社会中不断增加影响力,这一切看起来像是志向远大,更确切地说,是个人的“面子”在作祟(仅代表部分男性)。说男人有能力、前途无量、有灵活的赚钱头脑、有出息,这让男人觉得是一件相当有面子的事情,他们在这样的褒奖中,会更加充满战斗力。

如果有人说:“瞧那个人,听媳妇的话,在公司里都没什么作为,脑袋不灵光,为人处世傻乎乎的。”这话男人听不到还好,一旦听到,就会充满挫败感。生活中,因为被人伤及面子而进行报复的人不在少数。我见识过很多男人，在朋友面前对妻子呼来喝去，一回家立即认错赔不是。他们的看法是：宁可在家跪搓衣板，也要在外面维护好自己的面子。

男人自认为只要有了面子，才能成为男人，也才能自信满满、昂首挺胸地做人，才能说话掷地有声、一言九鼎、信服于众。如果伤及面子，他在别人心目中的分量就会减弱，以后他将驾驭不了任何人，别人可能随时都会将他踩在脚下。

男人维护面子，其实就是在维护自己的尊严。尊严神圣不可侵犯，所以面子动不得。

聪明的女人，就要在人前为男人留足面子，不管你是他的上司还是妻子，只要有第三个人在你们身边，就不能轻易触碰男人的面子。但凡涉及男人面子的事情，女人与其直接指出来，不如做一些委婉的处理，把话尽量说得客气、好听点。

最忌讳那种劈头盖脸的指责。女人那种不分场合，毫不留情的数落，不但会将男人的心打入谷底，也会给自己的人际关系埋下隐患，某一天很可能被那个认为损了他面子的人报复回来。

9 不要把理智当软弱

某天我从商场出来时，正巧碰到一对夫妻在吵架。有许多人都围了上去，这位女性见围的人多起来，更来了劲儿，大声说："你跟大家说说，我说错什么了？你还对我吼！你们都听听，公司莫名其妙扣了他一千元的工资，他竟然吃了这个哑巴亏，这不是懦弱是什么？自己的权利受到了侵害，应该积极维护，对不对？可他说吃下这个哑巴亏是理智的表现。你们说有这样的理智吗？"女人越说越来劲儿，那位男子拦也拦不住，脸涨得通红，挤出人群独自走了。

众人散去后，我却久久不能平静。这名女性争强好胜，虽然她在给自己的丈夫喊冤，打抱不平，可是大庭广众之下不留情面地说对方懦弱，从男人决然离去的背影看得出，他受到伤害了，而他们这段感情很可能因为一千元钱而就此画上句号。

类似的事情，我在职场中也遇到过。

我们单位有一位男士，个人能力一般，是外来人口，与妻儿租住在一间小平房里。他是他们家的支柱，一旦他失业，一家三口就得流落街头。

那个时候，公司总是流言四起，说公司要"体改"，很多职员要被裁掉。这位男同事自然害怕，因为在公司他虽然干着最多的活，可效率一般，业绩垫底。说起裁员，他料定自己必定"中枪"。

单位发工资时，包括他在内的几名员工的工资比先前明显要少好几百元。这些钱对我这位同事来说，可能是一个月的房租，也可能是一家三口一个月的生活费。所以，一众同事都建议他找老板问个究竟。可是，我这位同事想了想就作罢了。有些同情他的人私下议论："他也真够窝囊的，连自己的正当权益都不敢争取！"

但后来发生的事，让我们对他刮目相看。三天后，公司宣布让五名员工走人。实质上，公司早已做好了裁员计划，包括我这位男同事在内的六名职员榜上有名，而公司在请辞他们之前，玩了一个小花样，就是给他们六人都少发了几百元钱的工资，那五名被开除的员工都按捺不住疑问，跑去问领导少发的原因，给出的回答是："现在公司效益不好，工资都发不出来，所以只能每月定量缩减一些人的工资，以此来应对庞大的开支。如果你们觉得吃亏的话，可以另谋高就。"最终，那五个人识趣地离开了。而我这位同事，却聪明地留了下来。

其实，别人都正常领薪，唯独他们几个少了，当时他已大概知道公司的用意了，只是他深知自己没什么学历，能力也一般，丢了这份工作，自己也不知道猴年马月才能再找到一份工作，而且他深知自己失业的后果！考虑到以上种种，宁可装傻充愣不去讨说法，也要暂时保住这份工作。

他的理智算是帮他度过了这个危险期，而公司觉得他沉得住气，竟然留用了他。

通常，男女间的差异使他们在面对同一个问题时的处理手段千差万别。男人很多时候考虑问题比较周全，他们会为长远考虑，所以，他们时常不会只为眼前的利益打算，有时候，他们宁可先吃点亏，再等新的机会到来；女人往往更注重眼前的利益，对于长远的打算，并非那么全面。她们对于个人权利非常看重，时常为了捍卫自己的权利，宁可玉碎，也不让瓦全。所以，女人通常不理解男人的理智，以为他们不争取是懦弱的表现，为此没少跟男人发生矛盾。

其实，**两性间如果能彼此尊重各自的想法，不以自己的看法来评判他人，不去看不惯这、看不惯那，相处起来也就容易得多**。更何况，职场是个复杂的场合，想要如鱼得水就得周全地考虑问题。所谓沉得住气，是职场中人与人相处、处理关系、思考问题必须具备的能力。所以，职场男女遇事都不要急着做决定，不要因为一时的冲动给自己造成巨大损失，也不应图一时之利，不为长远打算。先考虑好利害，再行动也不迟。

10 工于心计，不如提升能力

我有位创业的朋友最近很惆怅。问了他几次，他终于道出了原委。

原来，他公司里有两个人让他颇为头疼。一个是喜于打小报告，乐于给老板搜集各类情报，花尽心思讨老板欢心，尽心尽力为老板的各类琐事服务的人；另一个是工作能力绝对优秀，但人比较实在，说话直来直去，不怕得罪老板的人。目前，这两人的关系已到了水火不相容的地步，一山不容二虎，两人都跟他强调，有自己就没对方。

朋友说，他曾努力安抚两人，试图让他们建立友谊，充分为他所用，可是毫无效果。现在喜于打小报告的那名员工，整日在他面前编排另一个人的不是，还说对方可能带走公司一众有能力的人，另起山头。

“我想要一名情报员，也想要一名冲锋陷阵的虎将，两者不应该有冲突啊！”朋友苦恼地说。

“可是你现在只能选一个！”我向他强调这个问题。

“情报员可以随时培养，可虎将未必能轻易找到。我知道该怎么做了！”朋友在一番纠结后，终于做了决定。

几天后再见他时，竟是神采奕奕。他说，他不仅给那位顶级职员加了薪，还布置了一个任务，就是员工间有什么问题，可以及时向他反映，两人可以一起商讨解决方案。职员见老板重视他的能力，干劲儿比以前更足了。而且没了打小报告的人，朋友反而觉得轻松多了。他说，其实公司的大问题总可以解决，就是一些小问题弄得自己惶惶不可终日。

每个单位都有这样的人，表面一副聪明乖巧、凡事为单位考虑的模样，背地里却喜于打小报告，编排他人，想方设法打压比自己强、比自己受欢迎的人。他们工于心计，什么事都用计谋来得逞。这类人老板很喜欢，但将他放置在一项重要的工作面前时，他可能连基本的解决能力都没有。

人的心计有先天也有后天，后天的心计都是冲着利益而去的。可是用心计得到的成果，并不能带给我们真正的满足感和快感，有时反而让人惶恐不安，产生被人报复的感觉，往往得罪了别人也累了自己。

其实，**在职场里，能让每个人站稳脚跟的还是个人的能力，如果我们只是混迹在乐队里滥竽充数的南郭先生，即便一开始我们用讨巧的方法得到了老板重用，可迟早有一天，我们还是会在工作的重压下，原形毕露。**所以，在职场中，与其变换手段打压比自己强的人，用心计搏上位，还不如努力提升自己的能力。能力才是你理直气壮的资本，而你所用的手段，明眼人都看得很清楚，某天当你没有了利用价值后，你就什么都不是了。

人与人之间的交往，讲究的是问心无愧。保护自己的最佳方式，就是不与任何人形成利害关系，即便有，自己也要看得淡泊点，当别人觉得你不会对他造成威胁时，才不会对你使用心计。当然，有些时候，我们可能毫不设防地成了别人的箭靶，但是，瑕不掩瑜，如果你能力足够出众，终会在别人面前脱颖而出。如果懂得低调行事，不张扬、不骄傲、与人亲和，职场自会成为你的天下。

11 注意办公室“恋情”出没

英国某网站曾对办公室恋情做过调查，发现87%的职场人士有过一次办公室恋情，其中过半为婚外恋，而最终修成正果的只有2%。因此，该网站将办公室恋情评价为外遇率最高、存活率最低的感情。

职场上朝夕相处，可能因为一个偶然的机缘就将原本春心萌动的两人撮合到了一起。只是，这种爱情来得快，去得也快。原因无非以下几条。

第一，大多数公司都不允许员工之间谈恋爱，一旦发现，不是两人都被开除，就是一方要离开公司。

第二，如果两个人二十四小时相处在一起，所见所闻都一样，彼此间新鲜的话题就少了，激情也会在这种不间断的相伴中迅速减淡。

第三，在同一个公司里，对方工作的失误，受到的批评，遭遇的不公待遇，都一丝不落地被另一方看在眼里，从而影响对彼此的认识。男人跟女人都有好面子的本性，会使这段恋情陨落得更快。

第四，办公室的恋情大多都是婚外恋，基于各自家庭的考虑，这种感情还没有开始，就被扼杀在摇篮中了，或者即便开始了，也不会有好结果。

所以，我在采访很多职场人士，问及他们对办公室恋情的看法时，有 90% 的人不赞成，认为最好不要在同事中找恋人，即便暧昧也不要；5% 的人认为可以有，但最好其中一方辞去工作，在不同的公司上班，会比在同一个公司要好得多；另外 5% 的人的看法是，感情来了，挡也挡不住，不如顺其自然。

我本人并不主张办公室恋情。首先从男人的角度来考虑，男人无论在工作中如何不被器重，他想要传达给另一半的信息也会是："我混得很好，能力不错，工作做得很到位，老板很赏识。"如果这样的谎言在办公室被识破，他们会极度地没有面子，甚至产生深深的挫败感，以为对方会因为工作的关系而瞧不起自己。男人强烈的虚荣心使他们难以接受自己在女朋友面前颜面扫地的事实，这很可能成为他提出分手的原因。

女人在工作中希望看到的另一半是一个成功人士，被人重用、工作状态好、意气风发，在公司里人缘又好，这样的形象会让她们非常喜欢，但如果对方不是这样的，女人就会很失望，有时候难免会拿别的同事与之对比，一旦差距存在，女人的失望会更加严重，并对这个人未来能带给自己什么样的生活产生思考。一旦女人产生这样的思考，这段感情就出现了危机。

办公室里的恋情处在一个复杂的环境中，功利性的东西更多，而且两人的相处没有秘密，非常透明。没有距离感的爱情、激情，很容易便会消磨殆尽。

另外，我们谨防的还有情感的出轨。如果我们已经有了另一半，最好不要轻易碰触办公室恋情，这对我们的幸福毫无益处。首先，我们并不能确定对方是否能抛开一切跟你在一起，即便对方能，而你自己牵挂的东西更多，你的孩子、你的家庭等，都是你牵挂的情感。任何的婚外恋情都会让人疲惫不堪，一旦东窗事发，你所要付出的代价可能就是名誉扫地、家庭破裂、一无所有。

有些感情，是需要我们狠下心去浇灭的，在错误的时间遇到的人都是错的，每次想想你为这段感情可能要付出的代价，激情也许就会慢慢淡去。开始了就没有回头路，一时的冲动很可能带给你半辈子的悔恨。

12 不要一个人战斗

美国科学家曾发现一个有趣的现象：在太空飞行时，61%的男人会产生头晕、恶心、失眠、情绪低落的症状，导致他们产生这一症状的原因，竟然是飞船上都是清一色的男士却没有女士。后来，有关部门采纳心理学家的建议，让一位女士加入其中，飞行员的各种症状竟神奇地消失了。

常言道："男女搭配，干活不累。"男人特有的成就感和崇拜心理，使得他们更愿意将自己成功的一面展示给女人。这种表现欲使得他们更愿意同女人一起共事，一旦他们的能力得到认可，心理上的成就感就会冲淡工作带来的劳累和倦怠，让他们精神振奋，充满活力。

女人的看法则是，同性间很容易产生矛盾，为了把摩擦消除到最小，女人与女人之间的交往总是小心翼翼，这让人非常疲劳，而跟男人交往，就不用为一些芝麻绿豆大的问题操心，也更放得开。而且女人也需要男人的认同和夸赞，也许同一句赞美的话，同性说出来无关痛痒，而异性说出来就会是另一番光景。女人会以为男人认同了她们的能力，觉得她们是优秀和出色的，为此，女人会更加重视跟男人的合作，并为做出更好的成绩而加倍努力。

当然，**不是所有的男人或女人都有这样的认识，也不是每个人都有合作意识。在职场里，很多人都更愿意一个人战斗，在他们的意识里，自己流汗，自己享受，而合作就得承担两份责任。**

实质上，无论做什么工作，只要有合作意识，摒弃成见，男人与女人间就能相互补充，把一件工作完成得更好。

几年前我在一家公司任职时，就亲眼看见愉快的合作带给两个人不同的成果。

小A是一位活泼漂亮的女生，作为小编，她完成工作的效率时常是最高的，每当下班，大家都在为没完成的工作焦头烂额时，她却已经收拾背包轻松回家了。

小A的高效率当然是有技巧的。她深知自己一个人的能力有限，而动用大家的力量会完成得更快。所以，一众人员在群里互动聊天时，她会抛出自己的问题："我找了半天也没找到某某相关的资料，你们能帮我查一下吗？""我的工作遭遇瓶颈了，大家给点建议吧？……这段话我改得头大，你们谁帮我理顺一下！"因为她态度谦虚，加上这类求助同事间又不好拒绝，所以，她抛来的这些问题在大家的努力下很快被解决了。这样一来，她就省下了不少时间。

此外，她也很会与人合作，比如她跟某位编辑要做的东西类似，就会主动找对方整合、分工。她因为做得很快，做完自己这份后，常常还能帮对方再完成一部分，所以，别人也都很乐意跟她合作。

但是，小B就完全不同。按个人能力来看，小B要比小A厉害很多，他的创造能力、基础功底几乎无人能敌，但他却比较害羞，不喜欢麻烦人，用他自己的话说："把自己的问题抛给别人，会给别人造成困扰。"所以，即便遇到很棘手的问题，小B都是自己想办法，实在想不出来，才会询问别人，这就浪费了很多时间。而且，他也不喜欢与人合作，他总觉得合作出来的成果不属于自己，哪怕再好，也要与人分享。他说喜欢那种全部工作都由自己完成的感觉。可是，即便小B渴望自己的能力得到认可，可当他交给老板一份完美的工作的同时，小A交上来的可能是五份，而且质量也不比他这份差。到头来，老板夸赞的还是小A，根本就没他的份。

小A和小B是同时进的公司，几年下来，小A因为跟人合作积攒了不少人脉，加上她脑子灵活，工作效率高，很快就升任为编辑部主任，再后来成了内容总监，而小B却依旧是个籍籍无名的小编辑。

能力再强，一个人的力量还是有限，如果懂得借用他人之力为我所用，创造的必然是高效率。在职场中，如果男人能放下身段，懂得合作的重要性，能充分利用女人的优势，必然会查漏补缺，令工作效率更高，效果更好；而女人，如果头脑再灵活点，懂得将有效的资源为我所用，赞同和认可男人工作能力的同时，把自己细腻的一面表现出来，也必定会有很好的建树。

另外，**要记住两点：其一，男女搭配，不搞暧昧，只为做好工作而努力；其二，比例不要失衡，一个女人，十个男人，这种"众星捧月"的状态，只会**

让人们把更多的精力放在“捧”，而不是工作上。最终检验我们能力的还是结果。

第六章

积极养育——孩子来自天堂

• 会教养的父母，会努力地寻求方法，帮助孩子去掉软肋；不会教养的父母，会把孩子的软肋当成管教工具，并借此牵着孩子的鼻子走。

• 如果父母试图用暴力管教，那么孩子就再也不会思考怎么避免被打，而是去想挨打时怎么反抗。暴力只能产生暴力。

• 一切终将暗淡，唯有被爱的目光镀过的日子，才会在岁月的深谷里闪着光芒。

• 孩子，是爱的轮回，是爱流动的花果。

1 每个孩子都来自天堂

几年前，青杨在生下自己的孩子后，被严重的产后抑郁症所困扰。那时她胡思乱想，总是没来由地担心自己的孩子是否会遇到危险，他可能会被开水烫伤，被人偷走，或出车祸，他在幼儿园里被人打倒，他犯罪被抓，他突然得了重病去世……种种可怕的场景困扰得青杨寝食难安。后来，青杨的母亲跟她说了这样一段话：

“每一个孩子都是上帝从天堂派来的，他们都是长着翅膀的小天使，只要你善待他，他就不会轻易飞走。”

母亲的话，一下子让青杨安心很多。是啊，上帝因为喜欢你，才派遣了一个小天使到你的身边给你带来快乐。如果好好珍惜这段缘分，他怎能轻易飞走呢？从这之后，青杨那些令人不安的想法没有了，对孩子的教育也发生了巨大的变化。

青杨的哥哥有两个孩子，都是男孩。他们学妈妈的样子，特别喜欢打扮，每天要换好几身衣服，对于涂脂抹粉、梳妆打扮自然熟。有一次，青杨在修眉时，大点的那个孩子竟然跑来跟青杨说怎样才能修出更好的眉型。青杨吓了一跳，立刻给哥哥打报告，说如果这俩孩子照此下去，以后必定不学好，甚至会对自身认知产生偏差。青杨哥哥一听，开始横加训诫孩子，不让他们选购自己喜欢的衣服，不让他们频繁换衣服，也不让他们再去接触母亲的化妆品。如果发现，必然严惩不贷。

青杨当时的想法是，不打不成才，孩子就是一棵小树苗，父母不管着点，他们很容易长歪。所以，青杨对哥哥的这一做法举双手赞成，可是如此一来，青杨就得罪了孩子，也得罪了孩子们的妈妈。青杨再去他们家拜访时，他们都不愿给青杨开门，还说：“你来干吗，我家不欢迎你！”青杨气急，便再也不愿登门。

青杨生下自己的孩子后发现，每个孩子并不会明显遗传父母的某些行为，他们其实就是一张白纸。父母就像一支画笔，父母怎么说话，怎么行事，孩子这张“白纸”上就会出现类似的画面。好好地跟他说话，他听懂了，就会配合得很好；而大声斥责，阻止他，虽然他也听懂了，但往往会变本加厉，越发不可收拾。

后来，青杨试着改变策略，慢慢给孩子们更多的赞赏和肯定，她和孩子们的关系也变得越来越好。

孩子们都是一个个善良又纯真的小天使，内心没有一点杂质，他们并不是是非不分，跟谁亲近就听谁的话，而是更喜欢跟那些真心爱他们、喜欢他们、包容他们、尊重他们、鼓励他们的人在一起。在各种赞美和支持声中，他们会变得越来越美好。可是，当你带着负面的情绪，打击、呵斥、责怪他们时，他们会全盘吸收，然后再一丝不漏地全部还给你。

现在，我终于知道，为什么有些孩子会把自己的父母气到半死，也知道为什么一些孩子会走上歧途。其实，**父母的言行不当可能给了他们不适当的引导，也是主要的原因。**

曾在母亲那里听到过这样一个故事：有个人不愿意赡养自己的母亲，用车载着母亲打算去海边丢掉。到了目的地，当他丢下母亲，带着自己的孩子要走时，那孩子突然说道：“爸爸，车别丢了。车丢了，等你老了，我拿什么把你丢掉啊！”这人一听，吓得赶紧把母亲又带回了家。

父母做什么，孩子都看在眼里。他们以后如何应对这个社会，如何待人接物，父母是最直接的学习榜样。要如何将你的小天使引到正途？父母得把普天下最好的爱给他才行。

2 孩子的爱是你给他的

我有个朋友，孩子一岁九个月时，已经认识了三百多个汉字，再大一点儿，他又特别爱阅读，总是嚷着让妈妈带他去买书，让我们这些做妈妈的都羡慕不已。

后来我才知道，孩子的这些好习惯都是由我的好朋友自己培养出来的。朋友以前很喜欢玩电脑游戏，手机总不离手，看书阅读对她是一件相当痛苦的事情。但自从有了孩子以后，她把不好的习惯都改了，在孩子才几个月大时，尽管知道孩子可能听不懂，她依然拿着书在孩子面前有模有样地读，孩子能坐时，她便买了很多的认字卡给他。她说零到两岁是孩子好习惯塑造的关键期，所以这两年，她几乎没有开过电视，也没有玩儿电脑游戏，手机也是在偶尔接电话、发短信时才用一下，大多数时间她都是拿着书在孩子面前看。孩子受妈妈的熏陶，认为看书就是日常生活中不可或缺的一部分，自然而然养成了阅读的好习惯。

父母都爱自己的孩子，可这种爱也有“利”和“害”之分。我见过很多父母，为了满足孩子看动画片的欲望，将电脑、手机、硬盘都置办齐全了，可是不加节制地让孩子看动画片，并不利于孩子的成长。如此看来，父母的这种爱就变成了害。

像我那个朋友一样，摒弃不良的行为，用自己的实际行动引导孩子做一些值得做的事情，才是真正的爱！

我常听到一些父母说："我家孩子不听话，等大点送到幼儿园让老师管教去。"其实，关键问题不在孩子本身，而在于父母一开始未能帮孩子塑好型。

帮孩子塑型，需要的是父母正确的爱。

第一，父母是否想过什么样的环境才对孩子有益？孩子在生下来的那一刻，父母所给出的任何信息，他都会全盘吸收。如果父母是个爱说脏话、随地吐痰、一生气就吹胡子瞪眼、不管不顾大声斥责的人，孩子看到了很快就会"表演"给你看。父母是孩子最好的老师，如果你真的想要一个了不起的孩子，从你有了孩子那天开始，就得收敛你的这些不良行为，给孩子创造一个好的环境。

第二，什么样的行为对孩子有促进作用？父母始终微笑的脸，积极乐观的处世态度，夫妻间幸福和睦的关系，父母以身作则的好习惯……这些对孩子情商和智商的提升都有很大的裨益。

第三，孩子不听话时是打两巴掌，还是讲道理安抚？我见过很多家长，孩子的举动稍不合意，就会上手给孩子两巴掌，孩子哭了，才开始讲道理。大概很多父母都不知道，孩子在哭泣时，是听不进任何道理的。

对于一个小孩来说，如果他一做错，父母就打他，会助长他的叛逆情绪。

如果孩子违背你的意愿做一些事情时，父母要告诉自己的是："孩子根本不知道这样会惹火我。"所以，你最好跟他讲道理，把自己的语气压到适合倾听的程度，告诉他这样做会有什么样的后果。如果孩子做的事情无关紧要，不如就让他胡闹好了，很多时候，你越想制止他做的事情，他越想跟你对着干；你不去管他，他自觉没意思也就不再继续了。

艾雪的孩子曾一度在冬天不愿穿鞋，赤脚在地板上跑来跑去，一开始，艾雪跟在身后追着他穿拖鞋，他反而跑得跟兔子一样。艾雪呵斥他，他不听，在艾雪强行给他穿鞋时，还拿脚使劲儿踹艾雪。有时惹急了艾雪，艾雪给他一巴掌，他哭着屈服了，可下次依然会犯同样的毛病。而且艾雪发现，每次只要艾雪动手，感觉孩子眼里的快乐一下子就会泯灭很多。后来，艾雪学着平心静气地跟他说话，艾雪对他说："这样可能会生病，宝宝一定不愿意去医院，所以，乖乖地穿好鞋子好不好？"艾雪坐在他旁边等着他，用友好的眼神看着他，不多一会儿，他就自觉地把脚伸过来了。

此后，只要艾雪好好说话，孩子基本都能顺从。后来，艾雪想，有些事还是随他吧，孩子也是知冷暖的，当他感觉脚冷时，自己肯定会找鞋子的。果然，艾雪不理他，他自己赤脚跑一跑感觉凉了，就主动跑过去把拖鞋穿上了。

第四，你的孩子对你有多少爱，你就要回报他多少。

我的好朋友杜丽讲过她和儿子的故事：杜丽的孩子两岁多时，婆婆过来帮忙照看了一阵子。每天从外面回来时，儿子一进门就会说："妈妈，我回来了！"如果在客厅看不到杜丽，他会探头往卧室找，急切地期盼着杜丽的回应。杜丽从卧室走出来时，他会伸开双臂，跑过来抱住杜丽的腿，连声叫着"妈妈"，并再次重复："我回来了！"当杜丽抱起他，热烈回应他，为他的回来表示高兴时，儿子的情绪会很好，但如果杜丽在他扑过来时，告诉他妈妈有事要忙，让他自己玩儿，并对他的热情不予理会时，他会一直跟在杜丽的身后，缠着闹着，直至杜丽抱起他为止。但是如果他一进门杜丽就回应他，他跟杜丽亲热一下后就自顾自地去玩儿了。

这也让我知道了，孩子热情时，我必须热情以待，不能给他的这种热情泼冷水。如果他急切需要一个拥抱、一句夸赞、一声关心，而我不能给他时，他一定会非常失望，以后肯定再也不会这么热情地表达感情了，我想我们的亲子关系也许就会因为我的反应冷淡而变得无比糟糕。

3 用心了解你的孩子

我们跟自己的爱人朝夕相处，却不了解他；我们跟自己的孩子每日相伴，也不了解他。这到底是为什么？因为我们从未真正用心过。

很多父母说："我的孩子我了解。"可实质上，一旦孩子有些不一样的举动时，父母便慌了神，"我的孩子到底怎么了"？想来如果父母足够用心，就不会有这样的疑问。

很多父母以工作忙为借口，当孩子有话要说时，他们总以此推托。其实，如果我们真的爱自己的孩子，每天只要抽出一个小时的时间，也足以了解一切。

（1）蹲下来，跟你的孩子交流

有个孩子看着一尊佛像对父母说："爸爸妈妈，这尊佛有个重下巴。"父母哈哈大笑，想佛像哪来的重下巴，可是当他们蹲下来，以孩子的视角看过去时，发现确实如此。假如他们不曾以孩子的高度去看的话，也许这辈子都不会有这个发现。

很多大人总以大人的身份自居，他们不愿意跟自己的孩子交流感情，孩子有话要说时，他们总会来一句:“去去去，大人说话小孩别插嘴！”他们从不知道，也许就是这么一句话，就此浇灭了孩子发表意见、表达自我的积极性，从此他可能再也不愿在大人面前表现自己了。还有些父母，虽然是在跟孩子交流，可并不是平等地交流，他们总是时不时地想要用自己的观点和思想来影响孩子，至于孩子的看法，他们通常都看成是滑稽可笑的。其实，如果你细细留意，孩子说出来的每一句话，也许都富含着令人意想不到的真理。

在我的孩子还很小时，有一天他指着客厅的墙对我说:“大象鼻鼻。”我看了墙一眼，发现只是一个从外面投进来的影子，我怀疑地问:“哪有什么‘大象鼻鼻’？你看错了吧！”儿子并没有因我的回答气馁，反而走近一步，指着墙又说一遍“大象鼻鼻”。我蹲下来，把自己的视线调换得跟他一般高低，果然，那影子就变成了一根象鼻，而且相当逼真。我感谢孩子给我带来的这个发现，并让他找找看还有什么好玩儿的东西。也许，我儿子爱探索的习惯，就是从那一刻培养起来的。

(2)用问问题的方式，直观地了解孩子

“宝贝，你今天有什么发现？”“你为什么要把所有的车都拿出去？”“这个地方很危险，你爬上来是为了找什么吗？”“为什么要让我打开它呢？”“你为什么要把它拆掉？”“这里有什么东西吸引你？”“告诉妈妈你怕什么？”“告诉我你最喜欢什么？”“为什么不让爸爸抱却让妈妈抱呢？”……你需要问孩子的问题太多了，针对他的每一个举动你都能问出问题来，在他的回答中，你会慢慢了解:“哦，原来我的孩子是这样的。”

要想了解你的孩子，就要给他发言和做事的机会。

(3) 男孩和女孩各不相同

不要以为每个孩子都一样，其实，男孩和女孩也是不同的。如果你想买一个玩具枪博女儿的欢心，那你就错了，相比较这类玩具，她可能更想要一个芭比娃娃。男孩和女孩所害怕的东西时常也是不一样的，也许你家的男孩连一只蟑螂都怕，隔壁家的女孩却能抓住它随便玩；也许你正郁闷时，却发现你家男孩正在学着大孩子在斜坡张开手臂骑自行车，把旁边的女孩吓得尖叫。了解你的孩子需要一个过程，仔细观察、紧紧跟随，你甚至可以把他的一些习惯记录下来，并在某些时刻做一个细致的分析。

4 棍棒之下多逆子

这是我听到的一个案例：

珍珍的表哥离异了，当时孩子只有五岁，没有人意识到父母离婚是否会给这个孩子带来重大的创伤，没有人去安抚她，或者关心她，因为大家都觉得她只是个孩子，什么都不懂。

孩子的奶奶没什么文化，并不知道如何教育孩子，在孩子不听话的时候，她时常棍棒伺候。有一次珍珍亲眼看见，因为孩子顶嘴，奶奶在她脸上甩了一巴掌，这不知轻重的一巴掌下去，孩子的鼻血立即喷涌而出，珍珍吓得连声尖叫。可是，这孩子没有哭，用袖子擦一下鼻血，狠狠地瞪着奶奶。后来，奶奶又追过去打孩子，珍珍劝住了，让她消消气，老人抱怨说：“这孩子不打不成才，她经常气得她爸不得不动手。”

可是，这个孩子并没有因为奶奶和爸爸的鞭打而变得乖巧听话，反而变得脾气乖张。她不跟同学来往，在学校里总是形单影只，回家话也很少，问她问题也不怎么回答。奶奶一责备，她就会顶嘴，看奶奶被惹急了，她就跑得远远的，骂着特别难听的话，奶奶追过去她又跑远。她爸爸也时常因为她考得不好，或做错作业而责打她，每次她都哭得很惨，但从未听到过她说一声“下次不敢”或者“对不起”之类的话。

其实，孩子没有什么大错，她只是一个小孩子，需要别人更多的疼爱，她什么都不会，是因为她还很小，如果以大人的标准来要求她，无疑很残酷。实质上，作为父母需要想到的是，你在孩子这般大时，也许各方面还不及她呢！

我们从一开始就强调了“塑型”，父母总是悄无声息地影响着自己的孩子，如果父母用言行为孩子做了坏榜样，然后又要求孩子做一个标准的好孩子，这对孩子来说是很残忍的。如果父母一开始带好头，孩子就不可能有所谓的忤逆、不听话和反叛。即便已经有了这样的苗头，能帮孩子疗伤的还是父母的耐心和爱。

经常使用“棍棒”教育孩子的父母都知道，棍子落在孩子身上，打疼的却是父母的心。你也许会听到很多父母一边鞭打孩子，一边抹着眼泪说：“如果你听话，如果你不反叛，如果你足够乖巧，能吃这样的苦头吗？”可是，等他们打完了，发现孩子依然如故，没有一点点改变。更有甚者，干脆离家出走，天涯海角再难寻得踪影。很多父母认为自己养了个逆子，其实他们不知道，孩子的这种性格是被他们的棍棒硬生生逼出来的。

如果孩子打破了一个杯子，你可以再买一个，但伤害了孩子的自尊，还能挽回吗？要想让孩子长记性，就给他一个有理由的训诫，让他知道自己错在了哪里，但如果想依靠皮鞭教育出一个懂事、听话又乖巧的孩子，难上加难。

我听过一位外国妈妈的育儿方式：她的孩子跟别的小朋友一起玩儿，这个孩子举起手打了一下旁边小朋友的头，挨打的孩子哇哇大哭起来。这位妈妈以同样的方式，狠狠地在她儿子头上打了一下，并告诉他："对方也是被你打得这么疼的！"孩子很快意识到了自己的错误，再也不随便打人了。

所以，使用训诫的第一前提是"你的孩子先动了手，你要用使其感同身受的方式让他得到同样的训诫"，也就意味着这个训诫有合理的理由，而且你只能下一次手。很多小孩之所以叛逆，是因为他发现不管有没有理由，父母都不给自己解释的机会，也不会对自己留情面，接下来的时间，**他们再也不会思考怎么避免被打，而会想挨打时怎么反抗。**

如果父母能接受孩子的各种情绪，应允许他有负面的情绪，然后对症下药，想办法解决，这才是明智之举。与孩子相处其实也是斗智斗勇的过程，当孩子非要得到一件玩具时，当他非要把脏水弄到身上时，当他把食物盘子推到地上时，当他戴着耳机、扎着耳洞、打扮另类、不思学业时，制止他这些行为的最佳方式，不是棍棒，而是技巧。

棍棒之下，孩子也许暂时会逆来顺受，但他一定会紧闭自己的心扉，到那时你再想走进他的世界，就不是一件容易的事了。

教育孩子的最佳手段是：父母能融入孩子的世界，让他能够打开心扉。你是他的朋友，在你接受他的一切时，他可能也慢慢接受了你要求的一切。

5 爸爸一定要了解的事

作家汪曾祺先生出生在江苏高邮，他有一位开明的父亲。他说，父亲每次吸烟时都会递一根给他，并先帮他点上。十七岁那年，汪曾祺喜欢上一个女生，给她写情书时，父亲就在旁边为他出谋划策。

不要说在旧社会，就是在今天的中国，这样的父亲也难见到吧！但是随着时代的发展，年轻的父母中也有许多非常开明的。有专家曾认为，融洽的父子关系会成就孩子。可悲的是很多爸爸并未意识到这一点。

(1) 父亲影响孩子的性格

有研究显示，在生命的第一年，婴幼儿对父亲的行为有着比母亲还要浓郁的兴趣，当父亲离开或进入房间时，婴幼儿的行为会变得非常活跃。如果父亲在孩子一出生就扮演一个好父亲的角色，比如多出现在孩子的视线里，阅读、朗诵、唱歌或表演，那么，孩子对父亲的印象会不断加深，会更依赖父亲，父亲与子女的关系也将变得更加融洽。而且，父亲的性格直接影响着子女的性格，一位稳重得体的父亲，他的孩子也会有着跟他一样的性格；而一位脾气暴躁、爱生气、易冲动，处理问题欠思考的父亲，他的孩子未来的脾性将跟他如出一辙。

我曾见过某些小孩，他们性格活泼，对人对事积极乐观，凡事不畏惧，与人相处落落大方，但看他们的父亲却并非如此。我在追寻答案时发现，导致这一差异的原因是父亲在孩子面前做出来的那 1% 的改变。

（2）父亲影响孩子的前途

有心理学家认为，一个孩子长大后能取得多大的成就，20% 靠后天的努力，80% 受父亲教导的影响。如果父亲与孩子的关系非常融洽，孩子长大后事业有成的机会更高。专家也强调，虽然妈妈在孩子的生命里扮演着非常重要的角色，但这种影响时常不敌父亲的一半，就拿同样一句鼓励的话来说，爸爸说出来的话所收到的效果竟比妈妈好得多。

孩子在一岁六个月时，我买了一个写字板教他基本的拼音和数字。可是即便我每天陪他的时间很长，跟他一起学习的时间也非常多，但他从我这里学会的东西却非常有限。先生每天下班后，会询问儿子跟妈妈学了哪些东西，他一般都说不上来。可是，先生陪他的那一个多小时，他会以最快的速度学会很多个数字，甚至汉字也能学会不少，这让我惊讶不已。现在想想，孩子三岁前认识的字、会背的诗歌、会唱的儿歌，几乎都是爸爸教他的。

很多父亲以为自己很忙，没有时间陪孩子，其实，只要每天抽出十五分钟的时间与孩子共处，也许就能培养出一个了不起的孩子。

父亲陪伴孩子时，可以跟孩子一起做喜欢的事情，也可以问他一些问题，或者让他告诉自己一些所见所闻或想要表达的话。父亲作为一个听众，只要仔细听，并给予回应，在孩子需要鼓励时给予鼓励，需要赞美时给予赞美，需要引导时给予引导就可以了。

（3）父亲影响孩子的习惯

孩子的良好习惯，需要妈妈耐心的培养，但更多的需要爸爸的参与。如果父亲能以身作则，坚持各种好习惯，孩子就更容易受到影响。如果父亲有每天跑步、进门洗手、饭后刷牙、坐到书桌前看书、遇到问题善于思考等好习惯，经过耳濡目染，孩子也会养成这样的习惯。

有个小孩在入学面试时，老师问他："你爸爸妈妈最喜欢做什么？"孩子思考半天说："爸爸最喜欢抽烟，妈妈最喜欢买包！"老师们听了面面相觑。

父母的习惯孩子全都看在眼里，尤其是父亲的习惯，对孩子的影响往往很深刻。

(4) 父亲对孩子期望越高，越容易失望

聪明能干的孩子都是在轻松的氛围里成长起来的，如果父亲对孩子的期望越高，孩子的压力会越大，压力会阻碍孩子智力的发育，也会磨灭孩子对一件事情的真正兴趣。

父母常感叹，自己望子成龙，望女成凤，可孩子却不争气。其实，都是期望惹的祸，对孩子的期望少点，放手让他们做真正喜欢的事情，对他们感兴趣的事情给予支持，也许，反而能培养出优秀的儿童来。

最忌讳的是，父母把自己的期望强加在孩子身上。想让他成为医生就让他学医，想让他成为科学家就让他选择理科。孩子压抑着自己学了，成绩却差强人意，即便最终有所成，等他们步入社会脱离父母的掌心后，就有可能放弃现在拥有的，重新捡拾自己当初喜欢的，这样的案例不在少数。实质上，父母可以给孩子的仅仅是建议，选择权最好留给孩子。

6 妈妈怎么说话，孩子就怎么说话

从孩子生下来开始，母亲和孩子之间就建立起了最亲密的关系。喂奶、换尿布、做抚触、洗澡、哄他入睡等，所有的动作都无比亲密。当父亲在孩子的一些重要方面产生影响时，母亲则在孩子的一些细节上产生重要影响。这其中，母亲影响最大的就是孩子的语言能力。

米娜分享了她和孩子的故事：她刚生孩子那会儿，好友来探望，当时好友已是一个三岁大孩子的妈妈。朋友进门时，米娜正坐在沙发上看书，孩子则躺在床上扭动着头哼哼唧唧。好友看着米娜悠闲的样子非常惊讶："孩子都闹腾了，你还有心看书！"

"没关系，刚吃完奶，让他自己玩儿会吧！"米娜向好友解释。

"那不行，你得跟他互动，跳一跳，哼哼歌，跟他说话，讲讲你对他的爱，你以为他听不懂啊？他听得懂的。"朋友一边说，一边做着动作跳起来，没想到，孩子的目光瞬间就被吸引过来了。

自那以后，米娜听从朋友建议，在孩子醒着时，不停地跟他说话，给他哼歌，跟着音乐跳跳舞，对着天花板上的装饰数数字等。

一开始，孩子的反应并不是很强烈，但是，等他开始学着说话时，某一天他哼唱的歌、背的诗、数的数，全都是妈妈曾经在他耳边念叨的。这个时候米娜才明白，原来，一开始他只是用大脑在记忆，等某一天他会说话时，这些存储在脑海中的词就会由他的嘴说出来，而且他说话的样子跟妈妈如出一辙。

在他很小时，米娜总是问候他："小宝，你好吗？"等孩子足够大时，逢人便问："奶奶，你好吗？""叔叔，你好吗？""小朋友，你好吗？"

如果米娜跟他说："走开！"以后但凡谁挡了他的道，他定会粗鲁地来一句："走开！"而如果米娜及时纠正，礼貌地对他说："请让一下好吗？"很快他就学会了，等再次要从别人面前走过时，他会说："请让一下！"

隔壁邻居家的小女孩跟米娜家孩子在一起玩儿时，如果不小心得罪了她，小女孩会非常顺口地说出骂人的话："滚开""傻蛋""白痴"……这些词几乎已经成了她的口头禅。每每看着只有三岁的她那双单纯的眼睛，再听她说出这样的话，实在让人难受。后来，米娜与小女孩母亲接触才知道，孩子这些词都是从她妈妈那里学来的。她的妈妈常常这样跟她说话，不明就里的孩子还以为这就是为人处世的方式呢！

孩子学说话也是一个"鹦鹉学舌"的过程，他的学习对象就是自己的爸爸妈妈。作为与孩子关系最亲密的妈妈，还是多注意点自己的说话方式比较好。

(1) 多说鼓励的话

平时跟孩子在一起，如果他摔倒了或者对学习厌烦了，不如多说一些鼓励性的话，比如"宝贝一定能自己爬起来的，妈妈相信你""妈妈看好你的""再坚持一下就好了""加油哦""妈妈给你打气，我们一起努力""你一定能行""没关系，这一次已经很好了，下次会更棒！"鼓励能增强孩子的自信心，也能让他们变得更坚强、更优秀。

(2) 多说赞美的话

"宝贝很聪明。""你写的字很漂亮。""这画是你画的吗？水平很高哦。""你是最有主见的孩子。""你吃饭的样子很优雅。""宝贝说话口齿伶俐。”“你的鞋子被你刷得真干净。”“你是我见过的最勤快的小孩。”…… 赞美你孩子值得赞美的一切。父母要记住这样一句话:“说你行，不行也行；说你不行，行也不行！”只要你常说自己的孩子多优秀、多可爱，慢慢地，他就会真如你所说了。

(3) 多说积极向上的话

“我们会失败，但不会总失败。”“我们只是一时学习不好，但以后会很好。”“得不到没关系，说明我们有机会得到更好的。”“这一次就这样，下一次我们会很厉害。”…… 当孩子遇到挫折时，多说积极上进的话，能帮孩子养成克服困难、不惧失败、越挫越勇的性格，让他的内心充满正能量。

(4) 多说文明话

即便你总是把“滚”“一边去”“傻”“笨蛋”“讨厌”挂在嘴上，但为了孩子，最好咽下去，别在孩子面前说。你要常说的话是:“那很漂亮”“不错”“聪明”“漂亮”“有趣”“慢点走”“请稍等”“很高兴见到你”…… 男孩子的教养，女孩子的优雅，都是从习惯说这些话而开始慢慢养成的。

(5) 多提问

“你在想什么呢？”“这个问题你怎么看呢？”“你有更好的主意吗？”“告诉妈妈你这么做的理由是什么呢？”“这么做有特别的原因吗？”“如果是你会怎么处理这件事呢？”…… 提问能让父母知道孩子在想什么，是他敞开心扉让你走进去的最好途径。而且，提问也能让你的孩子养成善于发表个人看法的习惯。

总之，父母一定要多说鼓励性的话、客气的话、有礼貌的话，不说坏话，不说脏话，要发自内心地赞美；跟孩子讲理，不要大呼小叫，把自己的语气放到心态平和的状态，以身作则。如此，孩子也会受到你的积极影响。

7 当机立断做决定

很多小孩之所以会养成优柔寡断的性格，原因多在于他们的父母。

(1) 当父母性格优柔寡断时，孩子也会如此。

(2) 当孩子为某事想要做决定时，父母质疑的口气也会让他养成不善决断的性格。

(3) 当孩子做了决定后，父母的打击会让他们觉得不自信。

(4) 当孩子在做选择时，父母的引导也时常有问题。如果孩子在两辆玩具车之间不知道选哪一辆时，父母时常给予的"随便选一辆""你自己看""怎么都行"等回复，会迟迟让孩子无法下定决心。如果下次遇到同样的问题，他也一样会犹豫不决，指望你来帮他做选择。

以上四条，是一个孩子不能够养成当机立断性格的主要原因。

我有一个朋友，培养自己孩子很有一套。当孩子同时看上两件东西迟迟下不了决心时，他会对孩子说："第一，两件东西你只能选一件；第二，必须在三十秒内做好决定，否则一件都别想买；第三，买回家后不准喊后悔，因为人生没有回头路，更没有后悔药。"现在，他的孩子已经十五岁了，非常有主见，遇到进退两难的事情，他会思考一下，权衡利弊，很快做出决定，且从不为自己的决定感到后悔。

如果父母自身是优柔寡断型的，最好不要把这种性格表现在孩子面前。如果家里有要做决定的事情，父母可以让孩子参与进来，征询他对这件事的看法，让他从小养成做决定的习惯。如果孩子做出某个决定或者选择，父母应该尊重他，不要对他的选择给予质疑和反驳，你需要告诉他的是："每个人都有自己的选择，每个人也有自己做决定的权利，别人的建议可以听听，但关键还得靠自己，爸爸妈妈尊重你做决定的权利，只要你觉得对，就勇敢地去实践。"假如父母觉得孩子的选择有问题，是错误的，可以适时给予引导，可以把你的想法说出来，但不要让孩子非得按照你选择的来做。**实质上，让孩子做一次错误的选择，给他一点教训，可以让他在以后面临选择和决定时更加慎重和仔细。**

有些父母，因为孩子不听自己的劝告，做了错误的决定或选择，等到后悔哭泣时，他们就觉得有理由指责了，时常会说："当初我是怎么劝你的？""我就说嘛，你能做出什么正确的决定？""都已经这样了，哭有什么用？""活该，谁叫你自作主张的！"……各种打击的声音，无疑是对孩子伤痛的雪上加霜，不利于亲子关系的发展。**在孩子做了错误决定时，父母与其打击，不如静下心来，帮他分析，找出问题所在，让他吸取经验和教训，这比狠狠批评一顿可要有用得多。**

8 不要做"鸡妈妈"

一只老鹰盘旋在高空，鸡妈妈看见了，张开翅膀，将它的孩子们紧紧地保护在自己身下。孩子们在它的保护下，躲过了一次次的袭击，但从此再也学不会如何保护自己。

“世上只有妈妈好。”一个母亲为了自己的孩子，可以拼尽一生，甚至可以放弃自己的生命。**母爱确实伟大，但很多母亲却并不知道如何将自己浓郁的爱转变成正能量。**

心理学上将一种类型的病称为“彼得·潘综合征”，患这种病的人拒绝扮演父母的角色，拒绝长大，拒绝承担一切责任，永远像个长不大的孩子。因为依赖性强，生活不能自理，经受不住一点打击，患“彼得·潘综合征”的人只能一辈子躲在父母的庇护下，难以自立。专家认为，导致这一症状的原因是父母的溺爱。

相比父亲，很多母亲更溺爱自己的孩子，即便孩子犯了错也不愿说一个字，孩子要什么给什么，即便要求极度无理，妈妈也会尽力满足。从孩子穿衣、吃饭、洗浴到买东西等事情，妈妈都能提供一条龙服务，从出生到孩子长大成人，但凡妈妈有能力，就会帮孩子做一切事情，即便有些事孩子完全可以自理。

我儿子小时候某次参加夏令营活动，回来告诉我说有个十一岁的女孩在参加的第二天就哭着回了家，原因是她不会扎辫子。

这就是“鸡妈妈”爱孩子的后果。相对于“鸡妈妈”，还有一种“狼妈妈”，她们懂得如何把自己的爱转变成正能量，让自己的孩子在未来受益。

(1)“狼妈妈”只是带路人

在孩子长大的过程中，“鸡妈妈”时常把自己的孩子背在后背，累死了自己，孩子却未学会走路；而“狼妈妈”只是带头往前走，孩子跟在身后，路要他自己走，坎儿要他自己跨，险要他自己去度过。“狼妈妈”给孩子的只有应对的技巧，至于实践，要靠孩子自己。

(2)“狼妈妈”的狠心术

孩子摔一下,“鸡妈妈”就心疼得要死,但是“狼妈妈”不同,她们在孩子摔倒时,只要没到伤筋断骨的地步,就会要求孩子自己爬起来。对于孩子的某些坏习惯,“鸡妈妈”全盘接受,但“狼妈妈”们会下一次狠手,哪怕让他流一次血,也要把这个坏毛病彻底纠正。

如果孩子总爱哭,问他理由不说,“鸡妈妈”会抱起来哄啊哄,为了不让他哭,还会自觉地买各种玩具讨好;“狼妈妈”不同,她会要求孩子去卧室或者书房冷静,自己反思、平息十五分钟,当孩子已经哭够主动要求出来时,她又开门欢迎。

“狼妈妈”觉得,狠一次心,才是对孩子真正的爱!

(3)“狼妈妈”的育儿术

一个小孩,只有两岁多一点,他的妈妈将衣服丢给他,让他自己穿。孩子把鞋子穿反了,裤子也是前后不分,这位妈妈没有马上纠正,反而鼓励他做得很好。孩子觉得裤子不舒服,这位妈妈建议脱下来换一下前后再试试,孩子做了,不舒服果然消除了。可是鞋子还是反的,等他出去玩一圈回来后,鞋子换过来了,他又告诉妈妈,隔壁小朋友告诉他鞋穿反了,所以换过来了。自此之后,孩子一直自己穿衣服,却再未穿反过。

这位妈妈说,很多父母一定无法忍受孩子把衣服穿反,把鞋子左右颠倒。其实,如果孩子觉得不舒服,他会自己换过来,如果他觉得没什么,何不随他去。

这就是“狼妈妈”。她们忍受得了帮孩子收拾一切烂尾,但忍受不了孩子什么都不会。她会把勺子塞到孩子手里，让他自己学吃饭；把衣服丢给他，让他自己穿好；把钱给他，让他自己买东西。她们相信只要给予孩子尝试的机会，孩子做得一定比大人还好。

如果孩子不愿吃饭，她会让他饿两顿，从此让他记住不吃饭的滋味；如果孩子无理取闹，她会不理他，很快孩子自己就会平息下来；她们从不为孩子轻微的烫伤、烧伤、磕碰吓得连声尖叫，而是淡定地以为，吃点苦头才能长点记性。

(4)“狼妈妈”给孩子的是自由

“鸡妈妈”整日围着孩子转，这也要照顾到，那也要叮咛到，这也怕，那也怕，对孩子的行为总是看不惯，总要唠唠叨叨，“鸡妈妈”以为自己是在爱孩子，可孩子听得烦，觉得妈妈管束太严，心生叛逆；而“狼妈妈”给孩子充分的自由，告诉孩子妈妈爱他，所以信任他、尊重他，孩子心生感激，与妈妈亲近，向她敞开心扉，亲子关系愈发融洽。

9 家长不强迫，孩子不叛逆

有句话谁都听得懂：哪里有压迫，哪里就有反抗！

如果父母总是强迫自己的孩子按照父母的意愿做这做那，而不考虑孩子的感受，孩子的反抗欲很快就会爆发。

一个叛逆的孩子，对父母的那套教育方法只有三种反应。

(1) 左耳朵进，右耳朵出；

(2) 以牙还牙，你骂我，我回你回得更凶；你打我，我也对你不客气。

(3) 干脆离家出走，落个清静。

在高压家庭中成长起来的孩子，绝大部分都是叛逆的，还有一部分孩子看起来逆来顺受，可他们心里正暗流涌动，只要某日找到了一个突破口，就会发生让人意想不到的事情。

许多强迫孩子做这做那的家庭，无一例外，培养出来的孩子都很叛逆。

作为大人，如果总是被强迫做自己不喜欢做的事情，必然会用言语或行动来反抗。孩子跟大人一样，虽然父母以“为孩子好”的名义名正言顺地强迫他做不喜欢的事情，但在孩子小小的心里，父母的这种强迫是对他们的压迫，会让他们反感。为了让父母对他们的人生少点指手画脚，他们必然会采取比父母更强硬的态度，在他们眼里，父母怎么对自己，他就应该采取什么样的手段，并且要更强硬。

父母应该记住的是：孩子有自己的人生之路，你所要做的就是给他爱，刮风下雨时给他一把伞；跌倒时给他鼓鼓劲；取得成功时给他掌声。父母的角色就是一个观众，看孩子表演，你有发言权，但没有改变权。所以，你应该想的是怎么样让孩子觉得你没有给他压力，而不是如何给他施压。具体的建议包括如下几方面。

(1) 不要用一些负面的词否定孩子

孩子某事做得不好时，父母会说“笨蛋”。孩子表现得很兴奋时，父母又说：“宝贝，你疯了吗？”孩子身上哪里有缺点，父母便会叫他们“大头”“大脚娃娃”“小胖墩”“眯眯眼”“大舌头”…… 尽管父母的声音听起来柔和，可孩子心里会记住这些词，等他们长得足够大时，理解了其中的含义，便会把这当成自身的缺点，他们会对此变得很敏感，以为自己真的就是这样一个人。消极情绪会打击他们的自信心，让他们很自卑，甚至还可能伤害到他们的自尊。

如果父母经常传递给他的信息是正面的，比如，“我儿子是最棒的”“你做得跟别人一样好”“真聪明”“小可爱”“小发明家”…… 这些话给孩子的暗示是“我应该是很棒的”。他们会要求自己在很多事情上做到更好，最后他就真成了父母期望的“小可爱”“发明家”。

（2）不要用优秀的“别人家的孩子”来刺激孩子

“你瞧谁家孩子，再看看你”“某某家孩子真的太让他的父母省心了”“我像你这么大那会儿已经能干什么了”“最笨的孩子也没你这么让人费心过”…… 合理的比较无关紧要，但如果父母对孩子一脸没有信心的样子，总是夸赞别人家孩子，会给孩子的心灵带来创伤。他们会因自己不能让父母满意而自责，努力地想要做得比你所说的那个孩子更好，可往往你对比的是对方擅长而你的孩子不擅长的方面，孩子拼不过，就开始自暴自弃，最后可能完全被自卑束缚。

（3）别把你的意愿强加给孩子

很多中国家长想让孩子学钢琴就送他去学钢琴，想让他跳舞就送他去学跳舞，想让他进英语加强班就安排他进加强班，父母从不问孩子是否对他们要求的这些真正感兴趣。他们的普遍看法是，孩子什么都不懂，决定还得由父母来做。但问题是，逼着孩子学的东西，他们通常是无法全情投入的，学得不好，父母又会失望。

(4) 不要总是大声呵斥孩子

“滚开”“住手”“不许动它”“我踢死你”“不许这样”“滚出去”“永远别回来”“有本事别让我养你”……父母们抬高声音，想要把嗓子喊破一般阻止孩子的某些行为或者责骂他们，以为这样就可以从气势上震住孩子，殊不知，怕并不代表服气。

(5) 不要总是看不惯孩子

孩子在成长过程中，出现一点瑕疵是可以的，你不能总要求他毫无缺点。有缺点有优点，有优秀有不足，才是一个人应有的表现。所以，不要总是以你的标准来要求孩子的穿衣打扮、行为规范，要给他展现自我的自由。不见得认可他的观念和做法，但绝对要做到对他的尊重。

总之，父母不要一味地以为自己是对的，孩子是错的。谁也不知道孩子的未来会是什么样的，而且他的路原本一开始就该由他自己走。

10 所有的满足都是有条件的

有些父母对孩子太苛刻，而有些父母却对孩子太溺爱。溺爱的典型表现就是满足孩子的所有要求。

孩子想要玩具时，无论多贵，买！

孩子突然想吃某种冰激凌，无论多远，买！

孩子说同学买了某某学习机，父母不想自己的孩子被比下去，买！

孩子要跟同学出去旅游，想要五千元零花钱，心一狠，给！

孩子不愿意自己穿衣、吃饭、梳头，好，全都帮孩子做！

孩子不愿吃药，讨价还价，说买某某东西就吃。好，只要吃药，什么条件都答应！

孩子取得了一点点成绩，为了表示鼓励，就无条件满足孩子提出的任何要求！

……

父母以为这就是自己最深沉的爱，却从不知道这其实是一种“害”！

孩子从小在父母那里获得的信息是：只要我要，一切要求都能得到满足。这最终给他们养成的性格是不懂得付出、自私、依赖性强、不能自立，凡事都喜欢讨价还价，难以担当。当他们长大成人，发现所处的社会跟从小在父母那里感受到的完全不同，自己在父母那里受到的优待，在社会上却得不到任何满足，他们什么都不会，又不肯接受批评和打击。工作和生活的压力让他们无所适从，于是他们开始逃避，一辈子躲在父母身后，成为一个长不大的孩子。

这就是溺爱的危害！

其实，爱孩子是父母的本性，但在满足孩子要求的同时如果能做一点小花样，就能收到不同的效果。

一个妈妈带孩子去购物，出门时她给孩子的信息是：我们只带了二百元钱买我们计划内的东西。如果孩子看上某件玩具，需要从妈妈这里贷款。如果借贷五十元，以后就要连本带息还五十五元给妈妈。

还的方式有：帮妈妈做家务，并在验收合格的情况下抵五元；每做一件好事抵五元；有了创意小发明抵五元；看完一本课外读物，并在考核合格的情况下抵十元；如果有亲戚给孩子压岁钱，他得拿一部分出来还债……如果贷款还不完，信誉受到影响，孩子要想从妈妈这里二次贷款是不可能的，以后即便再有想要的东西也得不到满足。

孩子思考一下后答应了。来到商场后，每次有他想买的东西，妈妈都提醒他，他为了还这些债务，需要付出哪些代价。孩子在一番考量后，最终挑了一个低价位的玩具。在还债的过程中，他尝试了一种不一样的生活体验，觉得非常有趣。以后，在这样的借贷方式中，亲子关系更加融洽，孩子明白什么是信誉，知道什么是代价，也增长了有关银行借贷的知识。另外，做家务培养了孩子的动手能力，而课外阅读增加了知识量。

这位妈妈骄傲地说，父母疼孩子，每个月都会花很多钱给他买这买那，与其花了钱孩子看不到，不如用这样一种方式，既满足了孩子的需求，又能帮他学到很多东西，算是一石多鸟。

生活中，父母不妨效仿这位妈妈，在孩子提出各种要求时，给予条件限制，在限制的过程中，让孩子明白这样一些道理。

(1) 你不可能得到这个世界上所有的东西，即便现在父母满足了你，但当你步入社会后，得到的一切都必须付出代价。

(2) 想要的东西要自己争取，如果是用钱买的，就想办法自己弄到钱；如果要靠自己的双手才能获得，就想办法提高自己的能力；如果是需要给予才能得到的东西，那就尽力给予；如果某些得到必须要你丢掉某种陋习，那就努力丢弃。

(3) 让你的孩子明白，他需要的这些东西会给父母带来多大的压力，为了他想要的那件东西，父母需要把工作期限拉长两三天，连周末休息时间都没有了，会非常劳累。父母要把辛苦说出来，让孩子学着理解你、爱你。

(4) 告诉你的孩子这样一些事：事业有成的大企业家是通过靠没日没夜的勤苦工作和不停的思考创新才有了今天的辉煌；自己喜欢的舞蹈家之所以能有今天的成就，是因为别的孩子玩儿的时候他们却在用功。他们比普通人花费了更多的精力，才会有今天的成就，一切付出必然有结果，一切得到必然要有付出。

当然，父母的条件不是苛刻的，是充满爱的，是以孩子的健康成长为前提的。不以孩子的吃饭、学习、成绩为交换条件，不说"只要你成绩好，我就带你去迪士尼"这样的话，也不强迫孩子遵从你的条件，所有的条件都是经双方商量确定的。询问你的孩子，尊重他的意见，如果孩子不接受这个条件，可以商量另一个策略，或者让孩子自己提条件，切忌孩子不遵从时强迫他遵从。以下是一位妈妈的教养方式，跟大家分享。

妈妈：我们一起去动物园好吗？

孩子：我不想去。

妈妈：你是要自己待在家里看漫画书吗？

孩子：不看漫画书，我要画画。

妈妈：画画也不错哦，等下我回来欣赏你的画作。

孩子：如果我画得很棒，你能奖励我吗？

妈妈：我相信你一定会画出很棒的画作来，我会考虑你的建议。

(妈妈走后，孩子努力地画画。等妈妈回家时，他拿出了最漂亮的一张给她看。)

孩子：很漂亮吧？

妈妈：嗯，确实很漂亮。奖励一个香吻。

孩子：不要。

妈妈：那我知道要奖励什么了，买一个相框，把你的画作框起来，挂在客厅的墙上，让所有来家里的人都看到你的杰作好吗？

孩子：好。（孩子看起来很受鼓舞。）

尊重孩子的意见，就能培养出有主见的孩子。父母跟孩子交流时，不能追着问他要干什么，而要让他主动说出来，如果他说的话合理，不如就支持他的做法。这位妈妈这几点都做到了。

11 不要把孩子的软肋当成管教工具

我在观察了很多孩子后发现，每一个小孩都有自己的软肋，从小到大，这种软肋显而易见。幼儿可能怕虫子、怕黑、怕打针，依赖妈妈，长大一点的孩子可能作文不好、数学逻辑混乱或者害怕与陌生人交流等。**会教养的父母，会努力地寻求方法，帮孩子消除这一软肋；不会教养的父母，会把孩子的软肋当成管教工具，并借此牵着孩子的鼻子走。**

有一天，我坐着轮椅去小区。有几个小孩在花坛前玩儿，当时月季开得正盛，孩子们出于好奇，都想伸手摘一朵。一位妈妈见自己的孩子伸手，一把打了过去，呵斥他不许摘，孩子根本不理会这样的制止，依旧想伸手。这位妈妈见呵斥无效，又开始威胁："大虫子，你最怕的大虫子趴在花瓣上，自己看清楚点！"说着就把孩子往花丛处轻轻推搡。妈妈的这一方法很奏效，孩子吓得赶紧躲到她怀里，顷刻间对那些花朵全然没有了兴趣。

我坐在轮椅上，在这些小孩身后观察了很久，大多数妈妈都用了类似招数，唯独一位妈妈的教养方式很特别，她告诉自己的孩子："你瞧，宝贝，花朵跟她的枝叶姐妹们一起随风跳舞呢，摘走了花朵，她的姐妹们会很伤心，小花朵很快也会死去，如果她们一直跟兄弟姐妹们待在一起，会开得更漂亮，香味更浓。小蝴蝶啊、小蜜蜂啊，闻到花香就会过来采花蜜，到时宝贝就可以看到这些小昆虫到底怎么采蜜的了！"经妈妈这么绘声绘色一说，小女孩立即收手了。

小女孩被其他妈妈"有大虫子"的言论吓到时，这位妈妈也并没有立刻带她走开，而是告诉她："小虫子只喜欢在树干上爬来爬去，它们爬呀爬的，要找到一片漂亮的叶子，在那里安家生个小娃娃。"这么一说，孩子不害怕了，反而好奇地伸长脖子要观察一下。

我看得出，其他孩子因为一只虫子的缘故对花草的好奇瞬间泯灭，只有这个孩子因母亲的正确引导，眼里多了一层探索的光芒。

拿孩子的软肋来牵制他，父母可能会得胜，但也可能抹杀孩子的一些探索的本性。

很多父母之所以要用孩子的软肋牵制他，根本原因是怕给自己惹麻烦。制止孩子摘花草，是害怕花刺扎到他，自己还得处理；说大灰狼把孩子的勺子抢走，是怕孩子自己吃饭弄脏衣服、地板、桌椅，自己不好收拾；对孩子翻箱倒柜，试穿大人衣服时，说出"巫婆钻出来了"这样的话语，是不想加重自己的家务负担；常拿孩子不擅长的事唠唠叨叨，是怕孩子没出息让自己丢脸……

父母虽满足了自己的需要，可对孩子软肋的频繁利用，最终会导致孩子怕这怕那的毛病，甚至对一只虫子都能留下终生的心理阴影。

真正的养育需要的是父母博大的胸襟和超乎寻常的耐心。爱孩子，就一定要给他积极正面的引导，这才是优秀父母的做法。父母如果能把这种劣势转变成优势，那才是了不起的作为。

(1) 鼓励是消除软肋的关键。父母的鼓励会让孩子充满安全感，会大步向前、无所畏惧。当孩子怕黑、怕扎针，怕这怕那时，父母不妨就此告诉他们一些常识，并鼓励他们克服这些恐惧点。

(2) 反其道而行之——赞美。心理学专家认为，给予孩子赞美，会让他们对你敞开心扉，重视你给的建议，从而提升自己。比如爸爸说："你这篇作文中的这句话写得太棒了，如果通篇都是这样的句子，那这篇作文都能发表了。"孩子有了一个参考，自此，便开始琢磨怎样才能把每一句话写得更好。

(3) 孩子的软肋很可能会转变成他的自卑点，父母如果常常提及，会让他们更加自卑。与其抓着他的"小辫子"不放，不如想办法帮他改变。

12 合情合理的尊重是真正的平等

在中国一些传统家庭里：家长的威严不容撼动，孩子永远是孩子，辈分不能乱。所以，父与子之间不能随便乱开玩笑，家长怎么说孩子都行，孩子对家长态度太随便就会被说成大逆不道。

其实，人与人之间融洽的关系建立在爱的基础之上，如果有爱，彼此间就会相互尊重、友善、爱护；如果没有爱，即便把长幼辈分分得再清晰，也一样得不到对方的尊重和善待。

有个小孩画了一个绿色的太阳给父亲看，父亲马上以“明白人”的身份告诉孩子，这样的画法是错的，太阳是红色的，红色才是光的表现，而绿色应该是树叶、草和蔬菜等的颜色。父亲长篇大论一大堆，孩子几次想发言，都被父亲制止了。这位父亲教育完孩子转身离去，孩子却无比委屈地小声嘀咕：“我只是想让绿色的太阳照着大地，让世上没有冬天！”

这位爸爸就是因为不曾平等看待他跟孩子的关系，才会自以为是地对孩子的画作指手画脚，还不给孩子任何反驳的机会。其实，如果这位爸爸能放下身段，蹲下来好好地跟孩子交流，倾听内心的声音，也许会发现大人说的不一定全对，原来自己的孩子这么有想法。

我们常说，孩子与我们太疏远。其实，孩子对家长的尊重和爱，需要家长自己争取。如果家长自以为“我是家长，孩子就应该敬重我”，却不懂得怎么尊重孩子，往往会得到适得其反的结果。

在一个开明的家庭里，父母应像对待朋友一样对待孩子，孩子感觉自己被尊重了，才会反过来学着父母的样子尊重对方；在一个专制的家庭里，父母说一是一，孩子没有发言权，即便有也会被驳斥，孩子内心会很受伤。父母的专制教养会对他们产生严重的影响，未来他们待人接物时也将用父母这套居高临下的方式。

高压之下，不一定有孝子，但一定有逆子，这是毫无疑问的。所以，不想教养出叛逆的孩子，父母就得先跟孩子建立平等的关系，再教会他怎么尊重别人。

（1）凡事不要完全由父母做决定，孩子作为家庭中的一员，对家里的事情有发言权。

（2）征询孩子的意见，并尊重他的看法，不打击、不反对、不取笑。

（3）当父母和孩子的想法发生冲突时，可以坐下来心平气和地商讨，共同寻求解决方案，用合理的理由说服对方。

（4）孩子对父母有不尊重的行为时，不要立即批评，先反思自己是不是曾传递负面情绪给他，并展开合适的沟通。

（5）有些事可以用投票表决的方式，以少数服从多数来解决争端。

（6）注意各自说话的方式，家庭中可以多用“请”“麻烦”“……好吗”“谢谢”这样的词语。比如，想要孩子帮忙拿报纸，可以说：“请帮我拿一下报纸好吗？”孩子如果做到了，就要致以感谢。父母表现得文明，孩子才会文明。

（7）孩子自己的事让他自己去完成，父母最好给予提醒：“宝贝，现在是妈妈的阅读时间，也是你的弹钢琴时间了哦！”父母在说这话时，最好赶快进入状态，孩子才能被你带动。

（8）如果孩子迟迟不愿行动，指责和抱怨并不能收到好的效果，不如就严格一点，让他知道每段时间都有该干的事情。

父母的威信并不是通过打骂树立的，而是在细节上的坚持和坚守。父母只有以身作则，起好带头作用，言而有信，孩子才能信服你，并积极效仿。

（9）倾听也是彼此尊重、平等相待的一种表现，父母不要因为孩子小就敷衍他们，这会让他们的自尊心受挫，也会打击他们的积极性，以后就不愿向父母敞开心扉了。父母在孩子倾诉时，应放下手头的工作，全神贯注地听，并能给予积极的回应，这样，孩子才能感受到你对他的重视，才能建立起自尊。

(10) 父母传达给孩子的信息应该是："你就是你，独一无二。"最忌讳父母总拿别的孩子跟自己的孩子做对比，这种攀比形成的落差会造成孩子的嫉妒心理和仇恨心理，让孩子的胸襟变得狭隘，待人接物也不再积极乐观。父母要想激励孩子，不如引用一些名人案例或书中人物的事迹。有些父母自己籍籍无名，却要求孩子大富大贵，这是对自我渴望的一种强加。实质上，平等的亲子关系来自父母对孩子无要求，只要孩子能健康快乐地长大，就是父母最大的期待，这样的暗示给孩子创造了一种轻松的氛围，反而有利于孩子的成长。

13 每个孩子都是独一无二的

在孩子的教育方面，有两个人给我的印象非常深刻：一位是纽约第五十三任州长，纽约历史上第一任黑人州长罗杰·罗尔斯的校长；另一位是美国魔术大师大卫·科波菲尔的父亲。

罗尔斯出生在贫民窟，从小顽劣，打架、斗殴、吸烟，无所不干。某天上课，他正打算从窗户逃出去时，被校长抓了个正着。但是这位校长并没有责罚他，而是说了一句影响了罗尔斯一生的话："从你的小拇指看，你会成为未来的州长！"罗尔斯从小受到的都是别人的责骂、鞭打，没有人看好他，但这位校长的鼓励，却让他重新认识了自己。从那天开始他发奋学习，并向州长寄予他的目标迈进，最终如愿以偿。

魔术大师科波菲尔小时候学习奇差无比，在同龄的小朋友都升入高年级时，他却一次次留级。老师对他失望透顶，认为他无可救药，要求家长将他带回去。可是，他的父母并没有就此放弃对他的教育，当发现孩子对魔术感兴趣后，父亲立即将他送入了魔术学校，很快，大卫·科波菲尔就像一块有着强力吸水能力的海绵，从几任教师那里学走了他们所有的魔术技巧，最终成为魔术大师。

每个孩子都是独一无二的，他们有着自己天生的特质，也许他们中的很多看起来跟别的小孩不一样，他们也许很笨、个子很矮、说话口齿不清或者喜欢的都是让人意想不到的东西，但这没什么要紧，每个孩子终究都能演好属于他们自己的角色，在社会中找到适合自己的位置，只要父母足够有信心。

（1）特质不同没关系

你的孩子是男孩，但他也许有着女孩的一些特质；你的孩子是女孩，却有着男孩的一些特质。抑或他们具备的并不是你通常在同龄同性小孩身上能看到的东西。但是，父母总要站在为孩子好的角度，按照自己认为正确的手段去纠正孩子，可这并不是你的孩子想要的。强行纠正会让他们产生严重的逆反心理。与其生硬改变孩子这种天性，不如就顺其自然。其实，孩子在每个阶段的个性都不同，这个阶段他是这样的个性，到了另一个阶段，你所不认可的这一个性也许就被他们自觉纠正过来了。

（2）需求不同没关系

你给了孩子很多的关心，可他看起来好像并不需要。当其他小孩依偎在父母身边，表现出一种依赖性时，你的孩子可能更喜欢独自玩耍，一个人做他想做的事情。你询问他是否需要帮助，或者有什么困难时，他都果断拒绝了。这是具有独立性格小孩的典型特点，他们能从独自完成一件事情中品尝到更多成就感，父母的帮助会削减这种成就感，所以，他们拒绝。但有些依赖性很强的小孩，他们渴望随时得到父母的帮助或关切的询问。所以，你的孩子属于哪一种类型，还得从不断询问中找到答案。

如果父母指望自己的孩子能事事独立，在他们需要帮助时不及时给予合理的帮助，在他们想要独立时又强行帮助，都不利于孩子的发展。

(3) 性格差异没关系

无论孩子是什么样的性格，不管他们活泼可爱、文静寡言、调皮捣蛋、敏感爱哭、被动软弱，抑或乖巧可人，不管属于哪种类型，有一点是无可怀疑的，那就是，他们会有属于自己的优点。

有些父母看着别人家的孩子胆子大、爱表现，不惧任何人的目光，对人对事落落大方，再想想自家孩子胆小怕事的样子，总免不了要说："瞧，某某家那孩子，多棒，再看我们这个，真是气死了！"父母不知道，孩子对负面评价的感受非常灵敏，当他们意识到父母在抱怨自己时，自卑感会慢慢袭来，他觉得让父母不满都是自己的错，他们会气馁，并产生"我根本不如人"的想法，慢慢封闭自己，再也不愿表现自己。

父母与其因为孩子的这种不同而唉声叹气，不如积极寻找并善于发现孩子身上优秀的一面，并给予支持。即便你的孩子一无是处，哪怕只是皮肤比较白，牙齿比较整洁，你都要把这作为重要的优点来看待，时时提醒他自己是有优势的，以此帮他树立自信心。

14 给孩子真正需要的

李嘉诚说过，“你这一生所有的成功都不会超过把孩子教育成功的高度”。但是生活中并不是望子成龙、望女成凤的父母都能教育出了不起的孩子。很多时候，期望越大，失望反而越大。

一位朋友在孩子高考失败后曾对我抱怨：“为了让他考出好成绩，我天天陪着他，给他做最营养的食物，买最全面的资料，可他就以这样的成绩回报我。我一个同事，都没怎么管过孩子，孩子高考时，他们两口子还在外地出差呢！可人家孩子考的却是重点院校！”

一个人看起来很努力地在培养孩子，反而没有培养好；一个人像是对自己的孩子放任自流，却培养得很好。为什么会这样呢？我想原因多在培养方式的差异上：我们给的是否是孩子真正需要的。

一位著名的主持人，知道女儿早恋后，这位父亲不像其他父母立即脸色大变，把孩子关起来，或打骂斥责，而是言辞温和地给女儿写了一封信，信里重温了以往跟女儿在一起的点点滴滴，并以一种信任的口气告诉孩子：“父亲相信你能处理好一切，因为美好的人生是你自己的，你怎么选择父亲都会支持你，如果你对现在的人生有什么疑问，随时可以来询问我！”这样的方式，不但让父女之间有了一个很好的沟通，也让女儿权衡了利弊。

教育孩子是一个任重道远的过程，不是我们陪在孩子身边给他做做饭、聊聊天就够了，也不是给他足够自由、放手不管就行，而需要考虑很多东西。

(1) 环境。父母的恩爱，家庭气氛的活跃和温馨，民主的氛围，父母的积极上进，都有利于孩子的发展。

(2) 相处。浓郁的爱是建立良好亲子关系的关键。给孩子发言权，聆听孩子的心声，鼓励他参与家庭活动，与孩子平等相处，听取他的意见和建议。

(3) 语言。使用文明语言，家庭中多举行演讲比赛之类的活动，孩子的修养多数从得体的语言中得来。

(4) 教育。培养孩子的兴趣很重要，在学习、思考、阅读中都能找到乐趣，孩子的学习就不会成为一种负担，父母的教育也不会太有压力。

父母不应扮演一回家就督促孩子学习，稍有怠慢就横加指责的角色，而应该成为孩子的朋友。孩子学习一整天，跟大人上一天班是一个道理，回家后更多应该享受到的是休息和放松。父母与其强迫孩子，不如以感兴趣的方式询问孩子在学校里学到的东西，如果孩子能快乐地把白天学过的东西跟你说一遍，那也算是温习；父母与其逼着孩子马上写作业、复习、预习，不如带着他出去散散步，探讨一下学校里发生的一些事情。所谓学习，有兴趣才能学，与其死记硬背，不如让孩子主动投入其中，将其当成一件好玩儿的事情对待，这样收到的效果会更好。

(5) 三“不”原则。第一，不要打击你的孩子。不管他做了什么，有值得夸奖的地方进行夸赞，如果太差也可以探讨做得不好的原因，切记不打击，父母的打击会挫败孩子的信心。第二，不要盲目奖励。很多父母在孩子取得一点成绩时就马上奖励，可这样的方式并不能让孩子主动建立起学习的兴趣，反而变成了一种索要的手段。不要将自己的梦想强加在孩子身上。第三，孩子在成长的过程中，会慢慢形成自己的人生观和价值观，知道自己想要什么，父母千万不要把自己未完成的梦想强加在孩子身上，那是他的人生，他有自己的目标和追求。

(6) 所会有三。第一，会表达。如果没有一定的表达能力，就不能很好地在社会上立足，而且表达是一种很好的宣传自己的方式。第二，会耐心倾听。“听”才能答疑解惑，静下心来耐心听别人讲，让自己更完善。第三，会友好地与外界接触。不生活在自己的小圈子里，懂得接受新事物，善于发现和学习新东西，才能紧跟时代，发展得更好。

15 养育男孩和女孩的五个原则

男孩与女孩是不同的。

- **男孩**

(1) 男孩不喜欢表达自己的情绪，他们更希望父母能理解他们，他们需要更多的爱、关注和承认。

一位爸爸接放学的孩子回家时发现孩子情绪很差，于是，他蹲下来拉着孩子的手问原因。孩子一开始有些犹豫，但看着爸爸真诚的眼神，他告诉了爸爸，原来他被同学欺负了。

“恨他吗？”爸爸问。

“恨，恨不得打死他。”孩子说。

“好，我们一起拿板砖拍他，拍得他抱着头连声求饶。”爸爸说。

“真的？”孩子试探性地问，脸上的情绪好转了一点。

“当然，还想怎么样做？”爸爸又问。

“拿根棍子揍他！”

“好，挑根最粗的，打断他的腿！”听爸爸这么一说，孩子的情绪好了很多，一下子笑了。

“还有更狠点的吗？”爸爸继续问。

“拿菜刀砍了他。”儿子得寸进尺。

“这个主意不错。走，回家收拾东西！”爸爸说道。

“收拾什么东西？”儿子疑惑了。

“收拾去派出所的东西啊！你想，如果我们打断了他一条腿，可能会判个几年，我们得好好准备一番，免得东西带得不够。”爸爸淡定地说。

“那里有玩具吗？有小朋友吗？有我喜欢的绘画课吗？”儿子疑惑地问。

“这些都没有！”爸爸依然很淡定。

“爸爸，还是算了吧，我已经不生气了，而且我也有错。”孩子含着泪说道。

教养孩子也是考验父母智慧和反应能力的过程，父母要像故事中的那位父亲一样，用点智慧才行。

(2) 男孩经常以男子汉自居，不愿意别人叫他们孩子，他们总是积极表现自己，一方面希望自己的所作所为得到肯定，另一方面也希望自己所做的事情能体现他们男子汉的一面，并得到父母的承认。

(3) 男孩都有一种“被需要”的心理，如果有人提出请求，需要他的帮助，并对他的帮助表示感谢时，是男孩感觉最幸福的时候，他们会为此变得心情愉悦，得意不已。

(4) 男孩跟男人一样，也希望别人信任他，相信他的能力，不对他的所作所为表示怀疑。如果父母交给男孩做一件事，又忍不住叮咛和唠叨，会消磨他们做事的积极性。

• 女孩

(1) 女孩希望父母能更关注自己，能对自己的着装打扮予以关注并认可，多向她们说赞美的话。

(2) 女孩需要更多的爱，父母要用持续不断的爱来滋养她。

(3) 与男孩需要激励和鼓励不同，女孩希望得到更多的支持和理解，当父母支持她们的某些做法时，她们会感觉自己最幸福。

(4) 女孩更关注自己的情绪，她们希望在自己不高兴、生气或者沮丧时，父母能更多地关心她们，理解她们的痛苦，并期望父母能尊重她们的隐私，尊重她们的决定以及她们交友的方式等。

基于男孩和女孩的不同，父母教养时要有区别性。另外，父母在教养男孩和女孩时，还得遵循以下五个原则。

(1) 允许孩子犯错误。人无完人，大人都会犯错，更何况小孩子。男孩都有着小小的自尊心，如果他们做错了事情，父母横加指责，结果可能是他们下次还犯。因为你的指责伤到了他们的自尊心，所以你后面讲的一切道理，他们都会当成耳旁风。因此，当孩子犯了错误时，父母要让他意识到错误，以及这个错误造成的后果。父母可以告诉他，允许他犯一次错，但决不允许有第二次，这一次可以原谅，但必须吸取经验和教训。这样一来，既保留了男孩的颜面，也给了他们改正的机会，还让他们长了经验，一举多得。

(2) 允许孩子说“不”。孩子对他们必须做的事说“不”，肯定有他们的理由。询问他原因，不要带有情绪，也不要强迫，应蹲下来，亲切地询问。当你了解了事情真相后，也就不会对孩子说的这个“不”持有异议了。父母的威严在于在说话算话这类事情上绝不马虎，如果孩子拒绝做作业是为了看动画片，父母可以再让他看十分钟，并给出限制条件：“如果超过十分钟，以后罚三天不让看电视。”对于这样的话语父母一定要说到做到。这样你既尊重了孩子说“不”的权利，也树立了你的威信。

(3) 允许孩子各种情绪的释放。孩子有生气、抱怨、恐惧、失望、沮丧、无助、嫉妒、尴尬、紧张、没有安全感等情绪是再正常不过的。孩子之所以有这些情绪，说明他们正全面地认识这个世界。当孩子有了这些情绪时，父母不是不屑一顾或轻描淡写地说：“有什么好怕的？”“害羞什么啊！”“没出息！”“你这个小不点儿发什么脾气啊！”“你知足吧！”……而应该给他们发泄的权利，然后正面对待。只要知道了孩子产生这些情绪的原因，父母就可以想各种方法来安抚。切忌在孩子有情绪时，父母以“我要离开你”“再这样我把你丢给奶奶”“我要把你扔到外面去”等话来威胁，这样的话也许一时能收到效果，但长此以往，孩子会压抑自己的情绪，从而脱离真实的自我。

(4) 允许孩子有各种想法。也许你的孩子看起来很嚣张，进超市想要更多的玩具；看到其他小孩手里的玩具，哭着闹着要；他们要穿名牌衣服；要跟同学出去旅行；要从家搬出去住……如果你直接拒绝，他们会很失望，不停地跟你磨，直至得逞；假如你生气了，他们会更生气，甚至摔门而去。其实，父母与其急着拒绝，不如询问他们要某样东西的理由。你需要传达给孩子的信息是：我可以尽量满足你提的要求，但能不能满足，得看我的能力。聪明的父母还可以帮孩子制订一套计划，让他为自己的需要而奋斗，并看怎么尽快实现。

（5）不要对孩子看不惯。家长与孩子的矛盾，通常起因于家长看不惯孩子的一些行为。扎耳洞，穿得奇形怪状，起床太慢，吃饭挑三拣四，对别人冒冒失失……其实，每个孩子的行为不过是某个阶段的一种暂时的行为罢了，父母与其强行纠正，不如在良好的亲子关系中给予一些正确的引导，偶尔给一点意见或建议，至于孩子听不听，不如尊重他的选择。

第七章

幸福心经——男人来自火星，女人来自金星

- 女人只要信任男人，对他们少一点抱怨和唠叨，不打击，不挑剔，多说赞美和激励的话，学着温柔点，依赖性少点，不跟男人讨论谁爱得多、谁爱得少的问题，男人也许就会对女人加倍珍惜。

- 所谓幸福不过是思想的一个转弯。

1 懂得“性格”，才能守护你爱的人

我们的家庭、我们的幸福、我们的孩子，都依托于你与爱人的和睦而存在。如果一段感情不能修成正果，自然不会有一个家庭的存在，更不可能有孩子的诞生。

所以，想守护你与爱人的感情，与他携手走向未来，就得了解彼此的“性格”！

有男士说：“我很了解我的爱人，她脾气暴躁，喜欢唠叨，动不动就抱怨，对我不信任，还常对我做的事指手画脚，动不动就打击人，我真是受够了。把她看得越清楚，我就越失望，我一定要离开她。”

实际上，这位男士根本不了解他的爱人，如果他真的了解女人的“性格”，也许就不会对她看不惯了。那么，女人和男人各自有着怎样的“性格”呢？

女人	男人
爱唠叨并非女人的本性，这只是她表达感情的一种手段。男人常以为女人唠叨是对自己存有不满。实质上，当男人懂得倾听，懂得询问时，会发现女人只不过把一种情绪转嫁到了男人身上而已，而让她们原本不满的也许是她自己目前的生活或者工作，她只是想用抱怨的方式引起男人的关注，从他那里得到更多的关心。	男人心里都有崇拜情结，他们希望自己做的任何事情都能得到女人的认同，承认他们的能力，少打击，多鼓励；少挑剔，多赞美。

续表

女人	男人
女人需要持续不断的爱。女人希望能被宠坏，男人给她们越多的爱，她们越高兴，女人使点小性子，发发脾气，对男人爱搭不理，并不是她们生气了，或真的讨厌对方，而是想要得到对方更多的关注，她们希望通过这样的方式得到男人的关切和询问。遗憾的是，男人通常把女人这种“我需要让你主动爱我”的信号看成无理取闹，或不可理喻。	男人最需要的是女人的信任，不管他们做什么，女人只要闭上嘴，就是对男人最大的关照。“你做事我放心”是男人最想从女人那里听到的话，假如得不到这样的信任，他们会灰心丧气，并对自我的能力产生怀疑。
女人希望爱人能倾听自己的心声，能重视自己的看法，她需要从男人那里获得支持、理解和尊重。所以，当女人坐下来跟男人说话时，她们内心的期望是对方能仔细听，能感同身受，能同情她们，并对她们的话题感兴趣。男人如果能积极参与女人的话题，并发表跟女人一样的看法，女人就会有一种认同感，并对爱人充满感激。	当男人钻进自己的世界后，最想从女人那里得到的，不是关心，不是唠叨，而是安静，只要在他想做自己的事情时，女人安安静静地待在一旁，不打扰自己，他们将万分感激。可一般的情况是，当他们想要独自待会儿时，女人会要求他们做这个做那个，如果要求得不到满足，她们就会埋怨，甚至以为男人不再爱她了。其实，于男人而言，只要从自己的世界走出来，他们就会主动靠近女人，也更乐意帮女人做她们要求的事情。
女人愿意为爱人做一切事情，但前提是她们所做的能得到男人的鼓励和感激。如果不管她们做什么，男人都表现出冷漠的样子，女人的积极性就会受到打击，努力改进自我的可能性会减弱，甚至产生一种报复心理，把一些事做得更糟，甚至拒绝再做。	男人以为自己更懂得包容，不喜欢跟女人计较。在他们看来，女人如果能停止对自己的抱怨，能用友善柔和的口气对他们提出要求，对他们所做的事情给予鼓励和赞美的话，他们会无视女人任何缺点，也会好好爱她。女人的温柔和善解人意最让男人没有免疫力。

续表

女人	男人
女人更希望男人对自己主动示好，如果男人能友善对待她们，她们自然会拿出足够多的热情来迎合对方。男人如果钻进自己的世界对女人不闻不问，很容易引发女人抱怨、爱唠叨、发脾气，甚至冷战的情绪。	男人不允许别人将他们认定为失败者，即便真的失败了也不行。男人希望女人能经常鼓励他们，给他们打气和鼓劲儿，这样，他们才能重整旗鼓，整装待发。即使他们失败一百次，女人依然对他们有信心的话，他们会万分感激，充满动力。
女人感兴趣的是男人的爱，紧接着才会谈到性。如果男人不能在性爱前对她们进行足够多爱的表达，而是直奔主题，会让女人产生厌恶情绪，并拒绝配合。	男人通过性来表达对女人的爱，很多平时难以启齿的话，男人只有通过性才能表达出来，男人有时因性而爱。
女人对于男人的道歉没有任何免疫力。如果女人陪着男人过苦日子，男人因不能为女人提供更好的生活说声抱歉，女人的满足感和幸福感会提升几十倍；对女人而言，任何矛盾，只要男人说一句“对不起”，几乎就能全部解决。	男人最喜欢听女人讲肯定的话：“我爱你！”“你真厉害！”“太不可思议了！”“你让我刮目相看！”“我始终对你充满信心！”……这些话会满足男人的虚荣心，让他们心情大好，扬扬自得，充满自信。
男人了解女人的“性格”没那么难，只要给她们足够的爱，学会倾听、理解和支持，遇事主动点，凡事学着说声抱歉（道歉并不意味着你真错了，只是代表你更珍惜两人的关系）。如此，男人就能拥有一个体贴懂事的爱人，并将自己的爱人牢牢留在身边。	女人只要信任男人，对他们少一点抱怨和唠叨，不打击、不挑剔，多说赞美和激励的话，学着温柔点，依赖性少点，不跟男人讨论谁爱得多、谁爱得少的问题，男人就会对女人加倍珍惜。

所谓，**没有绝对坏的爱人，也没有绝对糟的关系**。即便很多时候，爱人间的关系已经到了各奔东西的地步，只要其中一方做出一个小小的改变，也许就能峰回路转，转危为安。

2 面临压力，男女各不同

女人常常抱怨：我的爱人不信任我，他宁可找一个外人疏解自己的压力，也不愿意让我帮他分担。

男人也有不同的怨言：女人总喜欢大倒苦水。她们与其说给别人听而徒增烦恼，不如自己想对策的好。

正如我的导师约翰·格雷所言："男人来自火星，女人来自金星。"因为他们是完全不同的两个物种，所以在应对各自压力的时候，也表现出完全不同的方式。

- **男人应对压力的方式**

男人有压力时，会思考要不要说给别人听。如果是需要解决的问题，他可能会表达出来，并希望能在别人那里找到解决的方法；如果男人所问的问题关系到个人能力，出于面子的考量，他们一般都会独自承受，比如失业，男人宁可假装上班的样子，也不愿告诉妻子真相，即便他们说出自己没了工作，表达出来的往往也是"我辞职了""我要到一个更好的单位谋发展"，而不是"我被辞退了"。

男人好面子，不希望自己的能力被人怀疑，也不希望把压力施加给自己的爱人，所以面对压力，男人多数会选择自己解决并消化，如果一定要说，他们也只是轻描淡写地一笔带过，而不会长篇大论。无论何时，男人都要保住自己的面子。

男人应对压力的方式是独自待着思考解决方案。如果毫无头绪，他们会选择暂时忘记，跟朋友出去打一局桌球，看看报纸，打打游戏，或者出去旅游一趟，抑或爬爬山、滑滑雪等。在男人看来，时间是解决一切问题的最好方式，也许到了明天，一切就能迎刃而解了。

• 女人应对压力的方式

与男人相反，女人有了压力更喜欢说出来，她觉得倾诉是解决压力的最好方法，所以，她会把压力说给一个可靠的、值得信任的人听。她需要的是对方的感同身受和同情，如果得不到同情，她会非常失望，甚至会有一种深深的失落感，觉得没有人理解她的苦衷，不同情她的遭遇。带着这种失望，女人会再找一个人倾诉，直至对方能对她的情绪给予认同为止。

女人的看法是：苦难同别人分享，痛苦就会减半，而且在这种分享中她能得到解决方案，感觉人生豁然开朗，一切问题在别人的指点下多半都能解决。

如果男人向女人吐露自己的压力时，女人能给予一些精神上的鼓舞，比她出谋划策要好得多。比如，帮男人按摩一下，挽着他出去散散步，在他想要独自待一会儿时，给他空间和时间等；女人在向男人倾诉时，男人不妨仔细听，从语言上对她的这种压力给予认同，同情她的遭遇。女人从最好的朋友那里可能想要得到的是应对压力的方法，而从男人这里仅仅需要的是对方的理解，男人与其帮其出主意，不如说："如果我能帮你分担一点就好了！""这都是别人的错！""如果压力太大，就不做了吧，我来养活你！""带你出去吃顿大餐！”…… 你的爱是她最好的解压方式。

从前，有一对恩爱的夫妻，男的叫吴祖光，女的叫新凤霞。吴祖光出生于诗书世家，新凤霞是平民家庭的女子，要靠唱戏养活一家老小。其实，两人身份本就悬殊，原本是走不到一起的。但是新凤霞仰慕吴祖光的才华，当时，为了跟吴祖光在一起，她宁可抛弃自己如日中天的演唱事业。为此，她还留下这样的话："评剧是我的生命，吴祖光是支撑我生命的灵魂，不能两全，我宁要祖光。"

因为她认可吴祖光的才华，吴祖光对于她的这种认同，充满感激和感动，在新凤霞瘫痪时，吴祖光对她爱护有加；当新凤霞不能再登台唱戏时，他便教她作画，日日陪在她的身边，帮她排忧解难。

两人因女人对男人的欣赏，男人对女人的重视，携手一生，不离不弃。

生活中，很多人总是渴望坚不可摧、不为时光所改变的爱情，可往往事与愿违。其实，问题的关键不是两人真的不合适，而是我们总是不了解另一半的真正需求。

3 不是我想要更幸福，而是我很幸福

我们有了居所却还想要更大的房子；我们有了优秀的爱人却希望他比任何人更优秀；我们一日三餐有荤有素却还想着进高级饭店吃饕餮大餐；我们被人爱着却还想要更多的爱……所谓**要得越多，心中越苦**。

其实，细数我们的生活，我们拥有的远比我们想要的更多。我们有房子住、有工作做、有爱人一起生活、有孩子绕膝，我们身体健康，我们还很年轻，可以尽情追求梦想，我们的亲人还都健在，我们的生活中还经常出现升职加薪、旅行等小惊喜，我们虽没有大富大贵，我们平凡得就像红尘中的一颗尘埃，但我们很充实，日子过得紧张有序。这样的生活不是王公贵族都会向往的吗？

幸与不幸，不在于拥有多少，而在于人心怎么想。

心理学中有种“连锁反应”，人的一个方面如果出现问题，比如，感情出了问题，那么工作、同事关系、客户关系、财运等都会受到牵连，因为坏情绪会传染。但如果我们能试着调节自己的情绪，能从坏事中看到好事，能看淡物质，注重精神的修养，知足常乐，好事便能临近，好运也能时时萦绕，幸福便不请自来。

有位老人拉着自家牛上街市去卖，半路上他见有人拉着一只羊，便用牛换了羊。后来，他又用羊换了一只鹅，鹅换了鸡，鸡换了一袋烂苹果。有人听闻了他的换牛经历后，都说他很傻，回家一定会挨老太婆的骂。但老头子不紧不慢地说，他回家一定会得到老婆子一个吻。有几个人不信，便用一百块金币跟他打赌。

回家后，老婆子看见老头子迎上来，问了他今天的经历。老头子看着老婆子说道："我用牛换了羊。"老婆子一拍手说道："太好了，这下我们有羊奶喝了，还可以剪羊毛，你就有暖和的羊毛袜子穿了。"老头子又说："我用羊换了鹅。"老婆子一听连声称好："鹅好啊，这下我们就可以有鹅肉吃了，那味道肯定妙不可言。"老头子继续说道："我用鹅换了鸡。"老婆子一听更高兴了："鸡更好，可以生蛋，还可以孵小鸡。"老头子最后说道："我用鸡换了一袋烂苹果。"老婆子高兴地跳起来："太好了，今天我去隔壁王婆家，她嫌我们家穷，连一个烂苹果都拿不出来。这下我就可以拿一整袋烂苹果给她看了。我就说嘛，我的老头办事总不会错。"说完，她深深地在老头子的额头上吻了一下。

结果不难猜测，那几个人输了，老人家赢得了一百块金币。

世界上没有最坏的事情，只有悲观看待自身处境的人。**所谓幸福不过是思想的一个转弯**。如果我们把事情往好处想，再糟的事也会变成一件好事，如果我们把事情总往坏处想，好事也会变成坏事。老太太之所以感觉很幸福，能赢得好运，是因为她的内心始终用"好"来衡量一切事情，而且她抓住了男人希望被认同、被赞美的脾性，一句"老头子办事总不会错"彰显出她对另一半浓浓的爱。如果老婆子为老头子的糊涂大发雷霆，老头子赢不了一百块金币不说，她原本贫穷的生活会变得更加悲惨。

生活中并非都能事事如意，我们的爱人也并非那么智慧聪明，眼睛总盯在不如意的事上，幸福便会离我们十万八千里；品味生活点滴，把一切幸与不幸都当成命运的馈赠，幸福便会在身边时时萦绕。幸福有时候很简单，幸福是一种感觉，你感觉到了，便是拥有。

有位丈夫烦透了妻子的唠叨，越来越不愿意回家，后来，妻子带着孩子回了娘家，他一下落得清静。时间久了，他有些孤单，便想着如果能有一位善解人意，跟现在的妻子完全不同的女人陪着自己就好了。

有一天，他去朋友家吃饭，帮他开门的是对方的妻子，既漂亮又有气质，一下子又让他想起了自己邋里邋遢的妻子，这让他不由得摇了摇头。

这个男子进去时，发现朋友正在厨房忙，因为他的漂亮妻子不会做饭。开饭前，男子到朋友的书房找书看，发现书架上全是灰尘。开饭了，朋友的妻子懒懒地坐着，连盛饭这种事都由丈夫完成。饭毕，朋友又抹着一头的汗水去刷碗，而他的妻子则转身坐到沙发上看起了电视。其间，她还要求忙活的丈夫给她倒杯果汁。

这个男子实在看不下去了，心想这要是我的老婆我早开骂了。对了，自己的妻子到底是什么样的呢？她确实不怎么漂亮，总是邋里邋遢，可她在家务上一点都不含糊，屋子总是打扫得干干净净，书房的架子总是被她擦得一尘不染。她从不让自己进厨房，即使他带一堆朋友过来，也永远是她一个人在厨房忙活。吃完饭，他永远是陷在沙发里看电视，而她又急急忙忙刷碗、拖地。她形象邋遢，大概是因为她要忙着做这些琐事而根本顾不上收拾自己；她唠唠叨叨，确实是他自己做得太过分了。他一直以为自己要的幸福总在远方，需要他不停地追求，没想到幸福其实就在他身边，他原来是那么幸福，只是他自己从来都不知道。于是他匆匆跟朋友告别，想马上去把妻子接回家。

生活哪有那么多幸福需要人去追求？自觉幸福，即便做着牛马的活儿也一样心宽体胖；自觉不幸，即便整日生活在蜜罐里，也尝不到一点生活的甜头。生活是自己的，要怎么过，不是看别人，而是看自己。

4 幸福是一种习惯

有句台词说得好："幸福就是饿肚子时，有面包吃；天冷时，有棉袄穿！"幸福没那么复杂，它的真理是知足！

生活中，我们养成了很多的习惯：从外面回家后赶紧洗手；早上起来先跑步；晚上睡觉前必须喝一杯奶；打电话时总用左耳朵听等。这种习惯就像我们生命中的一部分，每日伴随着我们。如果我们把幸福也当成类似的习惯，不管做什么事，都能感受到幸福的滋味，那么，我们的生活就不会被各种痛苦、麻烦和不幸填满了。

把幸福当成一种习惯并不难，我们健康地活着，会发生很多幸福的事情。我们与自己的好朋友在温暖的小屋里一起品茶读书；我们的孩子一天天在长大，然后拉着我们，不停地叫"爸爸妈妈"。就我个人来说，孩子爱着我，在我说要离开时，他会哭得无比伤心，这样的依赖让我很感动；我做了一份工作，受到了表扬，我毫无悬念地又挣到了一天的工资；我在街边小店看到了一件像是为自己量身定做的衣服，它让我一下子变得容光焕发；我的好姐妹给我发来了一条短信，她即将步入婚姻的殿堂或者要荣升为妈妈了，对于她的喜悦我感同身受；困意袭来，有一张床接受了我，我美美地睡了一觉，还做了一个可笑的梦；去买菜，卖菜的大姐乐呵呵地抹去了零头；我在早餐摊上，意外地吃到了小时候吃过并让我终身难忘的某种食物……

只要我们愿意幸福，那么幸福的事情会始终贯穿我们生活的全部。

只要习惯于幸福，不要期望太高，不要不容易满足，日子自然会过得简单又充实。

要想把幸福变成一种习惯，首先得有一双发现的眼睛，感受一丝一毫的幸福，并用心去品味。把内心的负面情绪倒空，多想无益，对于得不到或者没有的总是念念不忘，除了徒增烦恼，于我们的生活没有任何的好处。烦恼过后，我们的生活仍一如既往，没有任何改变。既如此，不如就把那些影响你幸福的情绪倒空，装得糊涂点，日子也就好过得多。

不去看不惯，不去挑毛病。世界上没有一个人是完美的，包括你自己在内。你看不惯别人的行为、习惯，唠唠叨叨，伤害了别人，也累了自己，何必呢？不如随他去，把自己的眼光移开了，烦恼和不快也就自觉消失了。

把你的嘴角努力上扬，笑着笑着，你就真的开心了。有时，假的事被你当成真的，它便成真的了；真的事被你当成假的，它也就真的假了。如果我们幸福，却常说不幸福，说着说着，这幸福也许就真没有了；如果我们并不幸福，却自认为幸福，对幸福的渴望小了，期望降低了，幸福也许就不请自来了。

把人往善想，把事往好想，不开心的事不想，未发生的事停止想，活在当下，过好每一天，尽力多做事，少悠闲，一个忙起来的人，不会有太多时间想这想那。要把你的目光转移到真正值得关注的事情上，看看风景，看看书，这种闲趣，能疗伤，还能怡情。

5 幸福之道与商道

有一个人想要创业，他向一位有钱的女士借钱。第一次借了一百元，女士犹豫了片刻，借了，他答应两天后归还。当然，他没有花掉这笔钱，两天后原样归还。一个星期后，他又向女士借钱，这次是一千元，女士犹豫了很长一段时间，但最终还是答应了，而男子的承诺是一星期后归还。跟上次一样，他依然没有动这笔钱，到了归还日期，按时原样还上。一个月后，他向对方借一万元，答应两个月后归还，女士爽快地答应了。这次，他拿这笔钱的二分之一进了一批货，尝试做了一回买卖，两个月后，他赢得了五千元的利润。归还借款时，他多拿出一百元作为利息还给了对方。不久后，他又跟这位女士借钱，这次数额更大，是一百万元，不过女士未做任何犹豫，爽朗地借了。这个人用这笔资金开了一家小公司，因为经营有道，很快便发家致富了。

身处商场，人要修德，提高自己的品性，以诚信为本，先做人再学做事。故事中的男子之所以一次次借钱并成功，且数额从小到大，原因是他要在这种接二连三的“借”和按时的“还”中，树立自己诚信的形象。别人对你的信任建立在你能否兑现自己的承诺上，对你的关照基于你不曾践踏他对你的信任上。如果这位男子不懂得诚信之道，未能及时归还，哪怕只晚了一天，别人可以原谅你，但要再次建立信任，就要难得多。

所谓一诺千金，尤其在经商之初，个人推销的不是自己的能力或者产品，而是自身的品性。诚信是立足之本，人之初交凭借的都是对人品的信赖。如果别人从你那里得到的信息是不可信的，觉得你品性有问题，即便你能力再强，思想再活跃，经营再有方，也一样得不到别人的青睐。

幸福的两性关系也依托着这样的诚信而变得更加美好。爱情有时候很盲目，我们一开始并不清楚自己的另一半是什么样的人。在日渐加深的交往中，我们也凭借对方给出的承诺和兑现的多少来确定另一半的可信度。

女人时常依托男人对自己的承诺付出更多的爱。男人承诺多，付出少，在女人心目中的形象会一落千丈，会从一个知心爱人沦落成骗子。男人的不诚信，会让女人对未来产生怀疑，并因此滋生出很多的不安全感来，就像有人借钱没有按时归还一样，女人会为自己是否“投错了资”而惶惶不可终日。

男人需要女人的信任，却时常不能以值得信赖的形象自居，不管大事小事，男人虽承诺了，却做不到。男人也许从不知道，女人那里有着无数张男人的诚信牌，爱情的、婚姻的、琐碎小事的，如果男人不计后果地一张张用完，甚至透支，会在女人那里变成滔天罪行，男人会因为女人的抱怨和不满永无宁日，最差的结果是女人会因无法再信任男人而决然离去。

女人的安全感来源于男人的一言九鼎，男人与其让女人因失望而影响两人的关系，不如慎重做承诺。

男人经营跟女人的关系时，更希望女人像一个投资者。在恋爱的初期，他在女人那里树立起了高大的形象，吸引了女人这一“投资人”。男人的期望是女人永远如恋爱之初般美好，也如恋爱之初般一直对自己好下去。他们希望女人把更多的爱投资到自己身上来。他们的看法是，只要女人懂得投资，他们就有办法把这份爱经营成一份庞大的资产，就像滚雪球般，他跟女人间的幸福会因为他的经营越滚越大。男人并不以为自己在女人那里缺点诚信有什么大不了，他们总是以为，迟早有一天，他们会给女人一份大大的礼物，化解自己以往所有的负面印象。

男女间的不幸就因为男人太自以为是，女人又喜于事事必究，最终弄得两败俱伤。

如果想经营好爱情这份事业，男人还得重视诚信，注重修德才行，而女人不妨在这段感情里投入更多的爱，不要太在意回报。一个人有诚信，一个人可投资，爱情这份事业在两人的共同经营下，必将枝繁叶茂、硕果累累。

6 感悟《道德经》，做最幸福的自己

老子的《道德经》，一直被学者认为是最高智慧的象征。其中最重要的就是老子对孩子品性的高度赞扬和认可，以及对柔弱与刚强关系的看法。

我们时常不幸福，是因为我们要求的太多、背负的太多、看不惯的太多。为了让自己在社会上更好地立足，我们戴着面具，丢掉了原本的自己。可是即使这样，我们依然没有幸福可言，很多东西，得到的时候恰巧是我们最失落的时候。

《道德经》中说："专气致柔，能如婴儿乎？"意思是，气质圆融，性情柔顺随和，能像婴儿那样吗？在老子看来，婴儿在闭着眼睛感知这个世界，他们眼里所见的仅仅是物，并不会因为这物滋生更多的情感。他们单纯干净，因为外界的浊气不曾侵犯到他们。他们平静柔和地吐纳呼吸，性情温顺，不急不躁。他们看着就让人心疼、让人喜欢，想要好好爱他们。

爱人间相处，假如每个人都能放下一切恶之心，只抱着一种单纯的相爱之心，如婴儿般柔顺美好，眼里所见只有对方的好，不去看不惯，要求简单点，内心的杂念少点，不以个人的意愿去强行改变和纠正对方，那么，就不会有那么多矛盾和摩擦，也会幸福快乐得多。

静心想想，我们每天大部分的时间都在工作、交际，与朋友碰面，跟爱人相处的时间是有限的，为什么在相处的这仅有的时间里，不把更多的爱给对方呢？

在《道德经》中，老子从“道”开始，走向了“空”，最后走向了“得”。谁有所得，谁就幸福；谁无所得，谁就不幸福。在老子看来，人这辈子能够活在这个世界上，能有所作为，并在各种经历中让自己成长，增长见识，得以修身养性，提升个人德行，就是一个幸福的人。

老子的幸福并没有那么复杂：简单就是幸福。对于相爱的两个人来说，世界这么大，我们不和别人，只和对方在这茫茫人海中相遇，实属不易。能相爱本身就是一件非常幸福的事情，如果爱情能让我们成长，能让我们知道怎样扮演好各自的角色，也是种幸福。倘若有一天爱情散了，缘聚缘灭，也是常人所不能改变的，也应感恩曾有一个人给了我们这样一段回忆，也谢谢对方在不爱时放手，让我们有了重新得到一份真爱的机会。得到是一种幸福，失去也是一种幸福，看得开、想得透，幸福的事也就成了简单的事。

《道德经》中还说：“天下莫柔弱于水，而攻坚强者莫之能胜，以其无以易之；柔之胜刚，弱之胜强，天下莫不知，而莫能行！”我们时常把以柔克刚挂在嘴上，可是真正领悟其中深意的人却不多。老子认为，天底下最强大的力量莫过于水，任何坚硬无比的东西都能被它攻破，而它又是极难让人把握的。以柔克刚，以弱胜强，这样的道理天下人都知道，但没有人真正去重视。

在两性关系中，我们时常说女人是水做的，**水质的女人就应该有着水一样的温柔气质，不盛气凌人，不高高在上，不管外面的事业多成功，回到家里都有着一个小女人该有的温柔可爱**，那么爱人间的关系就不会一团糟。水是柔若无骨的，能在遭遇障碍时懂得绕行。女人应能深谙此道，遭遇矛盾时，不是跟男人正面冲突，而懂得用自己的“绕道术”绕开矛盾，以柔克刚，巧妙地守护属于你们的爱情。

如果我们能遵循古老的训诫，做回男人和女人各自该做的事，刚强的一方承担更多的责任，遵循诚信之道，搬走家庭中更多的绊脚石，懂得保护和珍惜女人；而女人以一颗简单如婴儿般的心跟爱人相处，时时处处流露出如水的柔情，满足当下拥有的幸福，那么，大家都能成为幸福之人。

7 读懂《易经》生活智慧，相人相己相幸福

我在研读《易经》时发现，《易经》作为“群经之首，大道之源”，包含了很多可以改变我们生活的大道理，细细品味，其实它包含了更多两性相处之道。

（1）大事化小，小事化了

夫妻、恋人间的矛盾，很多时候仅仅是由一两件小事引起的。下班回家，两人都忘了带钥匙，进不了家门，妻子抱怨丈夫，丈夫埋怨妻子。最后，两人不是想着怎么赶紧想办法打开锁，反而为没带钥匙这个已成定局的事而大动肝火，甚至大动干戈。

《易经》中说，如果人与人之间，能够大事化小，小事化了，就可以避免一切纷争。实质上，夫妻之间，如果能给对方更多的爱，当矛盾来临时，试着包容对方、迁就对方，用爱化解矛盾，两性间的纷争就不会那么容易发生了。

（2）端正家风，教子有方

夫妻间的幸福，因为有了子女会更加完美，如果在夫妻关系和睦的情况下，能教育出懂事乖巧的孩子，那也是人生的一大幸事。丈夫就得有个丈夫的样子，妻子就得有个妻子的模样。父母作为表率，要有勤劳的本性，有淡定从容的生活态度，品德要高尚，不欺诈、不撒谎、不坑蒙拐骗、不伤人害人，要有同情心、包容心，容易满足，懂得享受快乐。

（3）吃亏是福，有失必得

《易经》认为，有好必有坏，有失必有得。吃了亏一定有福报，而只知享

福，不居安思危，吃亏的事反而很容易来临。

当一段感情告一段落时，与其为另一方的背叛银牙咬碎，把自己弄得形象全无，伺机报复打击，不如就此决然放手。何必纠缠不珍惜自己的人，他将你从他的世界赶了出来，你却还要磕破脑袋往里钻，累了自己，又扰了别人。不如就吃下这亏，放下全是“负累”的仇恨，勇敢向前。过去的事终究过去了，仍然停留只会延续你所受的痛苦。道一声珍重，此生不再相见，保留了风度，又维持了尊严。也许当你失去这个人时，前面会有一个更加优秀的人正等待着你！感情讲究的是顺其自然，如果注定拥有，不挽留，也能常驻；如果注定失去，费尽心机，也不能多停留一秒。

（4）拥有一颗平常心

什么是平常心？就是以平和、正常的心态对待感情。感情需要的就是这样的态度，不急不躁，不脸红脖子粗，不忽冷忽热，用正常人该有的平和心态与另一半相处。感情中切忌心态不正常，脾气不平和。有矛盾或分歧而彼此不满时，能冷静处理，感情自然不会受到伤害，彼此也不会产生相处不易之感。

（5）懂得善始善终

一段感情既然选择了开始，就要善始善终，所有的半途而废都是不负责任的表现。感情既然能美好地开始，也能美好地结束，一哭二闹三上吊，或者横眉冷对、两败俱伤的结局，除了加深对彼此的伤害，别无益处。感情结束了就是结束了，接受不了或麻痹自我，并不见得能挽救什么，保有自己最后的一点尊严，潇洒放手，至于伤口，就交给时间慢慢愈合吧！

(6) 洁身自好，无欲则刚

《易经》中常被人颂扬的还有一个观点就是，降低自己的欲求，不攀比、不对照，这样就没有什么能打倒我们。在两性关系中，我们时常听到女人抱怨男人没有本事，说他不及某某；男人抱怨女人不懂得穿衣打扮，给自己丢脸了。我们总是拿自己没有的跟别人拥有的相比，常常心理不平衡，难免有情绪，思来想去，觉得一切都是另一半的错，导致看对方横看不是，竖看不是，挑毛病似乎成了婚姻生活中最大的乐趣。实质上，别人的生活是别人的，你的生活才真正属于你，拿别人的幸福影响自己的快乐，是名副其实的庸人自扰。

幸福这事，你信，它就存在；你的爱人，你信，他就美好。“信”是一种信念，是一种信仰，它就像你嗅着风说雨来了，瞧着绿芽说春天来了，听闻着脚步声说爱人来了一样，你信你期望的一切，美好就一定存在。

8 幸福在心，造福在人

她是传媒集团的总裁，管理着几十亿的资产，一介女流能有如此成就，很让人佩服。很多人说她命好，可她却说："大家都看到我现在拥有的，却不曾看到我曾经付出的。"于是，我知道了她的故事。

十多年前，她刚生下自己的第一个孩子，跟先生贷款买了房、买了车，感觉美好的日子才刚刚开始时，生活很快陷入了僵局。她的丈夫因为工作变动，工资减了大半，每月还完车贷、房贷，所剩的几个钱连他们的日常开销都不够。可是屋漏偏逢连夜雨，儿子被查出患上了一种怪病，每月几万元的医疗费，几乎将他们逼上了绝路。

生活远比小说要残酷，因孩子看病而欠下的一屁股债务还没有着落时，她的公公又被查出肝癌晚期，一入院便是十多万元的医药费。当这一连串压力狠命地压在她身上时，她把痛恨的目光看向了自己的丈夫。她觉得这一切都是丈夫的错，因为他没有出生在有钱的家庭，没有独立创业的能力，没有一对健康的父母，没有扛下一切压力的肩膀，是她瞎了眼才会找这么一个满身包袱的男人。

她想，如果没有嫁给他，她也许就不会生下有病的孩子，就不会面临如此巨大的债务，也就不用过这一年四季连一件衣服都买不起的生活。如果不是考虑孩子，她会选择立刻跟他离婚。

那个时候，她厌恶透了自己的丈夫，虽然她嘴上不说什么，可对待他的态度明显带着情绪，整天没有好脸色。丈夫越来越晚回家，直到后来好几天都不回来一次。她独自背着病痛的儿子跑医院，看着孩子撕心裂肺地哭，她也跟着哭，深觉生活已经把她逼到了一个死角。她时常问自己，为什么我要这么悲惨地活着？她想，从窗户跳下去，也许一切都解脱了。

可是，为了孩子她必须坚强地活着。她努力地想，到底生活糟糕到了什么程度！当她这么一问自己后，发现一切都还不是最糟。孩子一天天地在好转，债主们也还没有追上门，卖车剩下的钱够孩子治疗一阵子，房子还在，婚姻也还没有破裂，房子的贷款还有人帮着偿还。想到这儿，她突然长舒了一口气。比起那些没了孩子、露宿街头、吃了这顿没下顿的人，她还是很幸福的。

她又开始思考自己的婚姻，其实丈夫的压力要比自己更大，所有跟钱有关的事都得他来担负，最爱的父亲行将离去，孩子遭遇着巨大的治疗痛苦，婚姻状态又是一团乱。想到这里，她的眼泪一下滴落下来。其实丈夫也可以抱怨：自己没有娶到一个有钱的老婆，老婆没能帮他生下健康的儿子，没有工作的老婆不能帮他分担任何压力。为什么他们的婚姻会如此不幸？他们从未站在对方的角度好好为对方考虑过也是很重要的原因。

想到这里，她做了一桌子菜，给丈夫打了电话。丈夫回来了，还给她买了一件廉价的背心，他说："对不起老婆，让你跟着我受苦了！"

随着这声抱歉，两人间所有的隔阂都不见了。她坚定地跟他说："从明天开始，我要跟你一起努力，共渡难关。"

她重新拾起已放弃两年多的写作，抽出一切能抽出的时间，拼命写稿，因为营养不良加熬夜过度，好几次她都晕倒在书桌旁。即便如此，她依然没有放弃改变现状的决心。她告诉自己，祸福由天，造福由人，她的境遇必须由自己改变才行。

曾有人告诉她，当生活把你推入谷底后，要么你趴在那里等死，要么绝地反击，靠自己的力量爬上来。她知道生活不可能更坏，但想变好必须靠自己的努力。

当夫妻关系重新好转，当她充满信心地为改变命运而努力，当她重新开始热爱生活后，糟糕的浓雾竟自觉地散去了，她的好运气也一点点地来临了。

我们活在这个世界上，所要承受的压力远比我们想象的要多，我们从不知道生活什么时候会重磅出击，打得我们措手不及。我们可能会被爱人抛弃，可能会失去最亲的人，甚至可能一出门就遭遇一场残酷的车祸。这一切不幸就像一记突然甩在脸上的响亮的耳光，打得我们晕头转向。可是，怎么办？该发生的已经发生，该来的躲也躲不掉。我们怨天尤人，自暴自弃，破罐子破摔，可这样做无疑给我们千疮百孔的心又狠狠地来了两刀，别无他用。其实，你对生活哭，它也会哭，你对它笑，它必定向你笑，与其被不幸打倒，不如就把压力当成动力。当我们勇敢地面对残酷的生活，努力地做出改变时，不幸也会自觉为我们让道。

当你调整心态，借着身边些许幸福的力量，改变状态时，幸事自来，幸福自来！

第八章

最实用、最简单……的幸福 GPS

下面这些方法，是约翰·格雷大师三十五年来帮助全球数十亿男女改善和改变生命关系品质的方法。几十年来，无论在东方还是西方，它们都是非常有效的，人们唯一要做的事情就是分享与行动，因为分享是付出的开始，做才能真正地得到。

1 练习写“书信”的技巧

写信是人与人之间最为亲切的沟通手段之一，见字如见人。只是现如今科技发达，人们互通信息有了手机和网络。有时打一个电话，三言两语就把问题解决了，没事发几条短信，几行字却蕴含不了多少感情。如果夫妻之间能用书信的方式来表达感情，这种久违的亲切的沟通方式，也许适宜你表达内心的情感；同时，在字斟句酌的过程中，你掩去了很多消极的情绪，不会像直接面对你的爱人那样侵犯到他，而你的另一半即便对你书写的内容有意见，也没有机会立即反驳你，在他慢慢斟酌的过程中，也许就理解了你的需求。

我的导师约翰·格雷大师非常了不起，他建议夫妻间用写信的方式来解决问题。如果你对另一半的不满、期望、需求用书信的方式表达，不会像当面说那样刺耳，而且收信的一方感觉像收到了情书一样，无论内容是什么，都能让对方感受到一丝浪漫在里面。

那么，这封信到底该怎么写才好呢？

(1) 称呼一定要亲切热烈。比如，“甜心”“宝贝”“最亲爱的”“我生命里最最重要的”“最最帅的”等。

(2) 开头很重要，要点出你对你们关系的重视。比如，“你知道我对我们的关系有多重视吗？”“你在我的生命里就像一只船，载着我乘风破浪……”

(3) 善用转折，点出问题。比如，“我们目前的关系比较糟糕”“我很困惑”“我难以理解”“我试图这样，可失败了”……

(4) 就事论事，不要批评对方的不是，也不要强调自己做了什么改善。

(5) 说出你的期望。比如，“我希望自己能够被理解”“我在倾诉时你能抽出一点点时间认真听”“我生病或不舒服时你能在我身边”……

(6) 表扬一下你的爱人。比如，“你在很多时候都是个体贴温柔的人”“你也一定在努力地寻求改变的方法”……

(7)说出自己以后应该改正的，以及对方的配合。改变不是一个人的事，需要双方共同作出努力。

(8) 结尾的称呼要足够打动人。如“最最爱你的”“不能离开你的”“你的”……

关键的一条就是，在信中要向你的另一半传递出你的愤怒、悲伤、恐惧、遗憾和爱。

- **表达愤怒**

表达愤怒情绪时，可以使用这样的句子

我很不喜欢……

我觉得心灰意冷……

让我觉得无比生气的是……

让我非常恼火的是……

我希望……

- **表达悲伤**

表达悲伤的情绪时，可以使用这样的句子

我感到很失望……

我很难过……

我感到很受伤……

我原本以为……

我希望……

• 表达恐惧

表达恐惧的情绪时，可以使用这样的句子

我很害怕……

我真的很担心……

让我感到恐惧的是……

我不希望……

我需要……

• 表达懊恼

表达懊恼的情绪时，可以使用这样的句子

让我觉得不好意思的是……

我很抱歉……

我感到羞愧难当……

我原本是想要这样，可是……

我不希望……

我期望……

• 表达爱

表达爱的情绪时，可以使用这样的句子

我爱……

我想……

我能谅解……

我理解……

我很感激……

我真心感谢你……

我知道……

在写完信的同时，不妨再按自己期望得到回复的样子，为自己写一封回信。如果在得不到另一半回信或回信内容不是自己期望的内容时，不妨把两封信都拿给另一半看，作为分享。这种自编自导的方式，不但浪漫可爱，也会让你的另一半真正知道你的需求。

回信可以包括以下内容（或用词）

谢谢你……

我理解……

我很抱歉……

我值得……

我希望……

我爱……

有的人腼腆、不善于表达感情，即便有需求也不好意思当面提，纵使对另一半不满，却顾虑重重，真要列举却列举不出一二，出现矛盾时，要么憋着，要么一开口就火药味十足。而书信的方式，不但解决了以上种种顾虑，也给了爱人思考两人关系的空间，促使两人共同改变，而不是一人唱独角戏。

也许你的另一半出于害羞不会给你回信，不回信不见得他就无动于衷，只要你写了信，他看了信，也许就会有所改变。

如果你收到了另一半的来信，一定要积极回馈。对方能用书信的方式表达感情，说明他是真正重视你们的关系，为了写这封信，他可能鼓足了二百倍的勇气。你一定不能泼冷水，否则，他将永远失去改善你们关系的信心。

2 获得女人高分的101种方法

我们每天要在工作、吃饭、睡觉、会友、上网、阅读等事情上花费大量的时间，而真正面对自己爱人的时间却是有限的。为什么我们不能在这仅有的相处中给予对方更多的爱呢？通常朋友一打电话，我们毫不犹豫就赴约了；有什么新闻，我们便会神速点击链接查看评论，为什么却不能为那个帮你操持家务、为你生儿育女、时时处处把支持和温暖的手伸给你的人，做一些力所能及的事情呢？

爱对方没那么难，只要伸一下手、说一句话就足够了。幸福就藏在这些小细节中。

(1) 清晨醒来，给她一个吻，无论她醒或未醒。

(2) 如果她还在酣睡，帮她盖好被子。

(3) 在她的牙刷上挤好牙膏。

(4) 如果时间允许，帮她做一做家务，当她醒来看到整洁干净的屋子时，心情会变得大好。

(5) 在她熬夜的某个清晨为她做一顿营养早餐。

(6) 留下一张纸条，告诉她，记得吃早餐，路上注意安全，最后附带一句“我爱你”。

(7) 中午的时候给她打一个电话，问她是否吃饭了，顺带告诉她一件有趣的事。

(8) 晚上回到家，先别忙着干别的事情，给她一个深情的拥抱。

(9) 对她说一句情话："靠着你、抱着你，所有的疲惫都消失了。"

(10) 不要让她一个人在厨房忙活，主动要求帮她做一些小事，比如，剥蒜、端盘子或者洗菜等。

(11) 如果她情绪不佳，或者保持沉默，要关切地问问她是不是哪里不舒服，或者白天遇到了什么事。

(12) 关注她白天计划要做的事情，问她是否都做了，比如："今天你去看医生了吗？""是否买到了称心的衣服？""会见客户，一切是否顺利？"

(13) 在她找你聊天时，放下手头的一切事，包括报纸、遥控器等，用重视的态度听她讲，并认同她的看法，给予她支持和同情。

(14) 如果她想批评某个人，认同她对某人的看法，不要制止她，也不用给她中肯的建议，你只需配合她，最后告诉她"忘记那个影响你心情的人"就可以了。

(15) 当你需要一个人静一静时，要告诉她："老婆，我需要花二十分钟时间做点自己想做的事情，你有什么事情，等一下我们一起解决好吗？"

(16) 下班途中可以买一枝花或一个她可能喜欢的挂件，放在她的书桌上或者梳妆台上。

(17) 提前规划约会，先考虑她想做的事、想去的地方。

(18) 如果她晚下班，可以下厨为她做顿饭，即便在餐馆打包、叫外卖也可以，切记不要在她拖着疲惫的身体回家后，冷锅冷灶，什么都没有，还得为你准备晚餐。

(19) 如果总是她做饭，你偶尔也要自告奋勇为她做顿可口餐点。

(20) 学一两道菜，可以大显身手地告诉她："老婆，你休息，今天的晚饭我来做！"

(21) 当她兴致勃勃地打扮时，赞美她的穿着和美貌。

(22) 在她不自信时，时时处处告诉她：“我老婆是最漂亮的。”

(23) 在她疲惫不堪时，不要再要求她做饭、做家务，让她休息一下，并递来一杯解乏的牛奶。

(24) 看见她甩了高跟鞋陷在沙发里，不妨端一盆洗脚水给她泡脚。

(25) 当她遇到麻烦求助时，认真对待，表现出你的重视。

(26) 当她说错话时，不要用取笑的口气去一遍遍强调她的错误，而把这当成她的可爱之处。

(27) 当她犯了一些小错误时，原谅她，并告诉她“没什么大不了”。

(28) 当她当众遭遇尴尬时，要马上帮助她、维护她。

(29) 提前告诉她你们要出门的时间，让她有时间打扮自己，不至于因你等她化妆而慌慌张张。

(30) 在她磨唧出不了门时，如果赶时间，就帮她把包整理好，问她要带的东西；如果不用为时间考虑，就不要催她，坐下来看看报纸或者新闻。女人最讨厌自己梳妆打扮时，男人用不耐烦的眼神盯着她，或站在门口，一副等不及马上要出门的样子。

(31) 如果不能按时下班或有其他约会，要打电话告诉她一声。

(32) 当她为自己不小心打翻的水杯而手忙脚乱，或为自己所犯的错不知所措时，不要袖手旁观，要及时给予帮助和谅解。

(33) 如果你不能给予她帮助，要告诉她原因。

(34) 当她生气抱怨时，你宽容地笑一笑，她会雨过天晴。

(35) 如果她为你乱丢袜子、衣服生气时，为你把屋子弄得乱七八糟发火时，说声“对不起”，下次就按她期望的把东西放到该放的地方，毕竟乱丢东西并不是什么好习惯。

(36) 如果觉得目前的生活平淡无奇，不妨浪漫一点，跟她来一场热恋时那样的约会。

(37) 当她烦透做饭、做家务时，把她从油烟中解救出来，带着她去好点的餐厅大吃一顿。

(38) 如果你们发生争吵，不要太计较她的胡搅蛮缠和说出来的狠话，女人在吵架时说的话往往不是她的本意。

(39) 当她喊冷时，把外套给她，把她的手放在自己的手心或身体肌肤处，让她从你那里感觉到暖意和浪漫。

(40) 女人最想要的就是有人帮她分担，如果她做饭，你可以帮她洗碗；她打扫屋子，你可以帮她拖地等。不要在她忙碌的时候，你在玩儿游戏、看电视或者睡觉。

(41) 在她看起来不舒服时，要嘘寒问暖，询问是否需要帮助，然后帮她完成任务。

(42) 如果你去超市，问问她家里是否有其他要买的东西，或者你可以帮她捎带什么。

(43) 不管你计划做什么，都要提前告诉她一声。

(44) 当她撒娇让你抱她去床上时，不妨就满足她。

(45) 每天至少要拥抱她四次。

(46) 在你发的信息或者留的纸条中，最后附上“我爱你”三个字。

(47) 买她最想吃的食物，放到她抬眼可见的地方。

(48) 把她想喝的饮料填满冰箱。

(49) 在她不停换装却感觉没有一件合适时，带着她去购物。

(50) 看见她丢在洗衣盆中的袜子，主动帮她洗一下，如果你有自己的袜子要洗，不妨把她的袜子也脱下来一起洗了。

(51) 凡事不要自己做决定，做决定前先跟她商量。

(52) 当她因为自己的病痛乱发脾气时，沉默地陪伴是对她最好的安抚。

(53) 即使自己盖不到被子，也不要在她熟睡的时候拽拉被子惊醒她。

(54) 按照她给你设计的风格穿着打扮，或者两人一起打造各自的形象。

(55) 注意锻炼身体，让自己看起来更男人，你健康的体格和状态会给她安全感。

(56) 用笔记下你们在一起做的让你觉得最幸福的事情。

(57) 陪她回娘家看望父母，并尽力和她的父母相处融洽，比她的兄弟更加敬重和孝顺二老。

(58) 跟她一起出去旅行前，把一切准备工作做好，给她一个意外惊喜。

(59) 配合她做一切她想做的事情，哪怕她的想法幼稚至极。

(60) 主动收拾垃圾，把垃圾篓清空。

(61) 在她削果皮时，不妨说:“我来吧，我可不希望自己的老婆冒险。”

(62) 如果出差，抵达某地的第一时间要发信息或打电话向她报平安。

(63) 如果你很累，要跟她说:“老婆，还有什么事要做吗，没有的话我要先休息了！”切忌一声不吭就躺下，这会让她不安，以为哪里不小心得罪了你。

(64) 如果你有亲热的意向，用一些亲密的接触来暗示，如果她反应平平，最好不要强求。

(65) 跟她出去吃饭或者约会，一定要把自己打扮得干净整洁。

(66) 在她喊颈椎疼时，与其说“要注意身体”之类的话，不如帮她做一下按摩。

(67) 帮她买她最喜欢的杂志。

(68) 当大家都有某样东西时，不妨也给她备一件。

(69) 当她缠着你不停说话时，不要打击她的热情。

(70) 陪她看她爱看的肥皂剧，不要打击她没出息，也不要对她的痴迷做出厌烦状。

(71) 不要抢电视遥控器，如果你想看球赛或新闻，完全可以在电脑上看。

(72) 在公众场合要对她呵护备至，疼爱有加。

(73) 过马路时一定要牵着她的手，不要自己先冲过去。

(74) 与朋友聚会时别忽略了她，如果你有给别人夹菜的爱好，要先夹菜给她。

(75) 如果她想看某部电影、某场音乐会、某人的演唱会，就陪她去看，毕竟这样的事不会天天有。

(76) 如果她迟到了，先不要忙着责备，要先问问她有没有事。

(77) 如果她某天的穿着让你在朋友面前很没面子，不要回家马上责备她，而是问问原因，也许你听完她的答案后，就不会心生不满了。

(78) 如果她需要鞋子、帽子或包包，偶尔地满足一下她的需求。

(79) 一定不要忘记你们的纪念日，还有她的生日。

(80) 主动要求给她拍照，告诉她，她很美。

(81) 没有孩子，没有家人，就你们两个一起出去度过一个愉快的周末。

(82) 钱包里要装着她的照片，即便有了孩子，也不能将她的照片换成孩子的，不如就放一张她跟孩子的合影。

(83) 可以提前订一束鲜花，在你们外出入住酒店时送来，给她一个惊喜、一份浪漫。

(84) 如果你闲得没事，不如写一些情话发给她。

(85) 开车出去时，要告诉她系好安全带，在她忘记时不妨代劳。如果遇到急刹车，要第一时间询问她是否安好。

(86) 带她出去弄错了路线，或者未能将她按时送到目的地时，要跟她说声“抱歉”。

(87) 询问她有什么兴趣，并帮她报一个兴趣班。

(88) 像你们初恋时那样温柔地对待她。

(89) 帮她把菜刀磨快。

(90) 通下水管道、清洗马桶、给电卡充值、交煤气费等，这类事情最好由你完成。

(91) 外出购物时，要主动拎东西，愿意当她的“跟班”。

(92) 不要拈轻怕重，把脏活儿累活儿都推给她。

(93) 不管她做的餐点是否美味，要夸赞她的手艺，并谢谢她。

(94) 每次跟她说话，都应该眼含笑意。

(95) 当她说话时，抚摸她的手。

(96) 不要强迫她听从你的意见，买一个骰子，让它来决定听谁的。

(97) 如果她生病了，帮她买药，并看着她吃下去，在这件事情上，男人可以做得霸道点。

(98) 为她煲一顿美味的汤。

(99) 在她熬夜时，在她的电脑桌旁放上一杯牛奶或者一盘水果。

(100) 离开家时，给她一个吻。

(101) 把她和孩子一视同仁，有时候看起来更爱她。

3 获得男人高分的101种方法

女人需要从男人那里获得持续不断的爱，但不能光享受，不付出。你需要明白的是，你的另一半可是你生命里最最重要的人，他是你获得幸福的最主要因素。所以，如果你想被人爱，就要先学会怎么爱别人。爱他并非一定要为他做什么轰轰烈烈的事情，只要从他真正需要的方面入手，做一些力所能及的小事，他就会感激不尽。以下101方法，希望对女人抓住男人的心有所帮助。

(1) 不管男人做什么，都不要再三叮咛或强调怎么做，而是告诉他："你办事我放心。"

(2) 在他做好某件小事时，用崇拜的眼神看着他说一声："老公，你真厉害。"

(3) 对于你强调了而他还是做错的事，不要说："我不是告诉你怎么做了吗？"而是说一声"没关系"，因为这事已成定局，抱怨改变不了什么。

(4) 当他让你感到失望时，大度地原谅他。

(5) 当他开车载着你迷路后，不要责怪他，告诉他："我相信你一定会找到出路的，慢慢想想！"

(6) 面对男人的窘态说一些好听的话，比如他自告奋勇要做饭，但把饭烧煳了时，说："老公，我以为你已经很完美了，看来你还有继续发展的空间！"

(7) 你让他买某样东西，而他忘记时，说一句"没事，下次出去再买"。

(8) 当他疲惫不堪时，不要拉着他说个没完，而是关切地摸摸他的头，让他休息。

(9) 当他洗的碗不够干净时，不要兴师问罪，而是不管怎样都要说"谢谢老公的帮忙"。

(10) 不要拿他跟比他强的人做对比。

(11) 当他受到打击时，鼓励他，并告诉他你依然很看好他。

(12) 不管他有多大的错，不要在人前训斥他，给他面子。

(13) 不要在人前揭他的短，哪怕是好朋友也不行。

(14) 在人面前，表现出对他的依赖和温顺，骄傲地告诉别人你有一个好老公或者好男友。

(15) 无论要求他做什么，都应该用"请你""麻烦""谢谢"等这样的词语，而不是随便使唤。

(16) 对他有所求，但得不到帮助时，说一句"真坏"就完了，不要抓住这事不停唠叨。

(17) 对于他给你的小惊喜表现出很惊讶、很兴奋、很满足的样子。

(18) 如果有事情交给他做，就全权放手，不去指手画脚。

(19) 不在他面前贬损他的家人。

(20) 当他下班回家时，迎上去，接过他手里的包，并说一句"亲爱的，你回来了”。

(21) 如果你对他的某些行为不满，不要直接批评，而是以商量的口气说话。

(22) 为他学做一道他最爱吃的菜。

(23) 帮他整理乱糟糟的衣柜。

(24) 珍惜他喜欢的一切东西，并帮忙规整。

(25) 找他帮忙时，不要直接用命令的口气，而是询问他是否愿意。

(26) 当他躺在沙发里看着电视不愿理你时，就随他去。

(27) 对他送的东西不挑三拣四。

(28) 主动为他做全身按摩。

(29) 当他惹怒你时，不立即发火，而是转身去另一个房间冷静几分钟。

(30) 不要质疑他教育孩子的方式。

(31) 意见不同时，可以借用杂志内容或专家意见来说服他，比如你不同意他吼孩子，等这事过去一天后，找个时机说：“老公，我昨天在杂志上看到一篇文章，说父母吼孩子，会让他养成叛逆的性格，我们以后相互监督，不要用这样的教育方式好吗？”这比你直接让他放弃那种教育方式要让他更容易接受。

(32) 当他对你进行爱的表达时，要给予积极的回应。

(33) 称赞他在性方面带给你的快感。

(34) 赞美他的兄弟姐妹，说他父母的好。

(35) 对他做的事情表现出很强的信心来。

(36) 在他迷惘不知道怎么办时，握着他的手说：“我会跟你一起想办法的。”

(37) 在他的工作遭遇瓶颈时，不要给他出谋划策，只有当他询问你时，你才可以把自己的看法说给他听。

(38) 如果他的某些习惯是你无法忍受的，要心平气和地跟他说，一定不要指责。

(39) 自己购物时，别忘了给他也买一件东西。

(40) 记住他的腰围、肩宽和鞋号。

(41) 用你的薪水为他买一件有品位的东西。

(42) 不要对他的穿衣品位品头论足。

(43) 主动帮他系领带、绑鞋带或者整理衬衫的领子。

(44) 他在帮你做家务时，为他沏好一杯茶。

(45) 把他丢在柜子里的衬衫洗干净、熨平。

(46) 你要出门而需要把他留在家里时，给他一个香吻。

(47) 不想跟他亲热时，不要直接拒绝，而是柔和地告诉他原因。

(48) 如果他不愿意开口，就不要缠着他。

(49) 设计一些浪漫的活动。

(50) 不要总是逞强，很多事情上要小鸟依人。

(51) 不要在他面前说自己的工资比他高。

(52) 如果你一再晋升，而他纹丝不动，最好不要拿自己的成就来刺激他。

(53) 当他失业时，不要唉声叹气，而是鼓励他再次拼搏。

(54) 不要翻旧账。

(55) 不要总是对他的行为看不惯。

(56) 当他熬夜工作时，把清凉油或者夜宵给他准备好。

(57) 在他工作时，不要用关心的名义打搅他。

(58) 在他工作时，把电视的声音调小点。

(59) 在他睡觉时，轻手轻脚，不要叮叮当当吵得他无法入睡。

(60) 当他喝醉回家时，给他熬一碗醒酒汤。

(61) 当他当众让你下不了台时，不要立即转身离去，不如先低眉顺眼接受批评。回家后，说出他的行为对你造成的伤害，告诉他这次你会原谅他，但不允许这样的事再发生。

(62) 总是把自己打扮得漂漂亮亮、干净整洁，让他很有面子。

(63) 当他忘记你们的纪念日时，不要再刻意去提这件事。

(64) 当他忘记你的生日，后来补上礼物时，快乐地接受，并不再提这件事。

(65) 当他出门时，告诉他你会想他。

(66) 偎依在他怀里，陪他看一场球赛。

(67) 有好吃的东西，不管多少，都要跟他分享。

(68) 饭桌上，夹他最爱吃的菜到他碗里。

(69) 穿上他给你买的衣服或者鞋子，表现出很满意的样子。

(70) 即便他给你买的衣服不合身，也要说:“我很喜欢。”

(71) 不要去退换他买给你的东西，情义无价，留着做纪念。

(72) 不要总是提起他的前女友。

(73) 对于他一些幼稚可笑的行为报以微笑，而不是厌恶。

(74) 不管前面经历了多激烈的争吵，如果他主动与你和好，就接受。

(75) 对于你的某些行为向他说声“对不起”。

(76) 遇到事情要冷静，不要用“一哭二闹三上吊”的方法来处理问题。

(77) 当他提高分贝跟你争论时，是在掩饰心虚，不如说“等你冷静一下我们再说”。

(78) 给他生气的权利。

(79) 不要对已经发生的事情唠唠叨叨，往前看。

(80) 不要当逃兵，再大的压力也要跟他一起扛。

(81) 男人很少开口求助人，当他向你求助时，最好积极响应。

(82) 帮他把鞋子刷得干干净净。

(83) 为他添置冬装夏衣。

(84) 购物时不要随着自己的意买他不喜欢的颜色。

(85) 挽着他的胳膊去散步。

(86) 跟爱你的孩子一样爱他。

(87) 当他情绪不好时，要懂得关心他。

(88) 如果他不愿意跟你分享心情，不要强迫，随着他。

(89) 不要动不动给他脸色，不满时可以用婉转的话语说出来。

(90) 无论何时都不要带着情绪跟他说话。

(91) 给他的初次出轨一次机会。

(92) 过去的事就让它过去，如果过不去肯定就过不下去。

(93) 能站在他的角度思考问题。

(94) 叮嘱他吃药。

(95) 偶然抽时间做美味的便当送到他的单位。

(96) 当你在他那里得不到任何想要的答案时，笑一笑放过他。

(97) 夸赞他开车的技术很好，即便他是个新手。

(98) 告诉他你需要从他那里得到什么样的支持。

(99) 不管他多平凡，依然能在他身上找到闪光点。

(100) 为他做一切事时，都表现出高兴、愿意的神态。

(101) 让浴室保持干净、整洁、干燥。

4 金星人和火星人的七大差异

男人(以火星代表)与女人(以金星代表)的差异,我们通过一个表格来呈现。

男人	女人
男人需要独处:火星人心情不好时,会保持沉默,钻进自己的世界里,独自思量,努力想对策。	女人需要倾听:金星人情绪低落或压力过大时,更倾向于找知己好友,将满腹心事尽情吐露。
事业第一:事业犹如男人的生命,只有事业上取得成绩,男人才感觉实现了自己的价值。	人际关系第一:金星人以为,只有能帮助别人,自己的存在才算有了价值,要是把人际关系处理得特别完美,自己才算得上一个成功人士。
男人把女人的抱怨当成责备:男人把女人的一切抱怨都看成对自己的不满,这让他们很受挫。实质上,女人抱怨是为了与人分享自己的心情,为了获得男人的安慰和支持,比如女人说“你从不关心我”时,她的意思是“我需要你的关心和关注”,但男人会把这理解为指责:“你没有尽到一个做丈夫的责任,你对我不够好,你让我很失望!”	女人把男人的沉默当成遗弃:当男人时常为了独处而对女人表现得漠不关心时,女人便惊慌失措,误以为男人不再爱自己了,不再像原来对自己言听计从了,实质上男人只是需要几分钟独处的时间,很快他们就又会回到女人身边,就像刚才的事从未发生过。
男人需要听到“我需要你”:男人感到自己被人需要、依赖和信任时,便会觉得自身有着无穷的力量,强大无比。	女人需要听到“我爱你”:女人在感觉自己被珍惜和呵护时,会更加自信乐观,充满活力,变得更加温柔体贴。

续表

男人	女人
男人周期性疏远女人：男人的感情像一根橡皮筋，即便面对心爱的女人，也会在“亲密”与“独处”中来回转换，这是男人的本性。	女人周期性跌入情感低谷：女人的感情就像一条波浪线，接受爱和给予爱的能力会起起落落。
男人只给一次：男人常以为，只要一次性地满足女人所有的情感需求，女人就能心满意足，认为她会一直拥有男人的爱，并从此别无他求。	女人不断需求：女人希望从男人那里得到持续不断的爱，这才能让她充满安全感，否则，她会以为对方不再爱自己了。
男人很少道歉：男人很少向女人说一声“对不起”，这是因为，道歉意味着他做错了事情，必须承担责任，而且要弥补过错。	女人善于道歉：她说“对不起”并不是因为她真的认为自己做错了什么，而是用这样一种方式来表达自己的关切之情。女人向来都喜欢拐弯抹角表达感情，实质上，当她们直接表达自己的感受时，会收到更好的效果。

5 金星人谈话的基本程序

女人有压力时会想要倾诉，却时常因为不知道怎么表达而给男人造成误解。所以，作为金星人的女人在倾诉前，可以依照约翰·格雷大师的建议，问清楚自己以下六个问题。

(1) 让你感到沮丧、生气或者恼火的事情是什么？

(2) 让你感到失望、难过或者受伤的事情是什么？

(3) 让你感到害怕、担心或者恐惧的事情是什么？

(4) 让你感到后悔、尴尬或者羞耻的事情是什么？

(5) 你需要什么或者渴望什么？

(6) 什么是你最重视的，你希望哪些事情被理解，渴望得到怎样的信任？

通过问问题，女人可以探索自己内心的真实感受，并且把结果说给男人听。

女人就以上问题向男人倾诉时，也是有一定程序的，约翰·格雷将这叫作“金星人谈话的基本程序”。这个程序由九点内容组成。

(1) 男人阅读“金星人谈话要点”的第一个问题。

(2) 女人开始谈话。

(3) 过了大约九十秒钟之后，男人说“谢谢”，然后向女人提出下一个问题。

(4) 如果女人在九十秒钟之前就结束了谈话，男人可以说“谢谢，你接着说”。

(5) 不管在哪个时间段，男人都不应该向女人提出建议，暗示女人应当说什么，向女人道歉，或是承诺去做某件事。

(6) 不管男人内心的看法如何，都不应当帮助女人解决问题，或者回答她的问题。

(7) 整个过程中，女人应该把注意力集中在如何减轻压力上，而不是怎么解决这些问题上。

(8) 当“金星人谈话”结束以后，女人应当对男人说:“感谢你的倾听，这让我的压力得到了释放，我感觉好多了。”

(9) 男人给女人一个深情的拥抱。

通过这样的谈话训练，女人们会深切意识到，此时，她只是在倾诉个人的感受，而不是对男人提出更多要求，也没有让他作出改变。女人在家庭中安排这样一场“金星人谈话”，一方面可以有效降压，另一方面可以让自己变得更加宽容。当你的伴侣读懂了你的情绪，给予你更多的温情和关爱时，生活才会变得更加愉悦美好。

6 金星人释放催产素的101种方法

很多研究表明，催产素（所谓催产素，其实就是一种神经激素）在女人身体里起着重要的作用。一个缺乏催产素的女人会情绪低落，不愿与人交际，喜欢封闭自己，脾气古怪，更喜欢挑剔别人；相反，如果催产素充足，女人就会显得很愉悦，情绪放松，懂得营造浪漫，让自己看起来更大气、更大度、更年轻、更具奉献精神，甚至有人认为，催产素直接关系着女人的幸福。

女人催产素的产生，跟另一半有很大的关系。如果她的伴侣不懂得体贴，总喜欢同她针锋相对，就不利于其催产素的分泌。当然，催产素的产生依赖的还是女人自身，女人不妨从以下小方法入手，帮助自己获得更多幸福感。

(1) 清晨起床后，什么也不想，伸个懒腰，呼吸一下新鲜空气，给自己“美好的一天又开始了”的暗示。

(2) 多跑步，经常锻炼身体。

(3) 去吃最爱吃的甜品。

(4) 跟好姐妹碰面，一起聊天、购物。

(5) 工作进展顺利时，买一件礼物犒劳自己。

(6) 养一只萌态十足的小动物。

(7) 每天做一件以上的好事。

(8) 产生不良情绪时，找最好的朋友倾诉。

(9) 去看一场浪漫的爱情题材的电影。

(10) 看一些趣味十足的动画片。

(11) 遇到糟糕的事情，在纸上写下以宣泄出来，然后撕碎扔掉。

(12) 有人让你不愉快时，告诉自己：“不值得为一个不值得的人生气。”

(13) 坐在氛围很好的咖啡厅喝一杯精品咖啡。

(14) 听一些能让内心感到平静舒缓的曲子。

(15) 多看书，可以是小说、传记、随笔或者回忆录。

(16) 把自己的感触写在日记本上。

(17) 当你孤独而找不到一个可以聊天的人时，不如看一场电影。

(18) 做一个自己喜欢的发型。

(19) 工作很累时，去做一次颈椎保养按摩。

(20) 与好朋友一起去做美容。

(21) 定期为自己的衣橱添置新衣服。

(22) 不把孩子和家务当成自己的一切。

(23) 心里苦涩时，自己动手做一道甜品。

(24) 把自己打扮得漂漂亮亮，看起来容光焕发。

(25) 结交有品位的新朋友。

(26) 去参加一些具有挑战性的活动。

(27) 拉着爱人去游乐场坐旋转木马。

(28) 每两个月出去旅行一次，不管远近。

(29) 周末随心所欲地在家宅一天。

(30) 不把心思放在与人置气上。

(31) 饭后出去散散步。

(32) 不去看打斗、争吵的场面。

(33) 尝试去做一道新鲜的菜。

(34) 去专业的场所洗脚。

(35) 感觉压抑时，拉着皮箱“出逃”一次。

(36) 不轻易熬夜。

(37) 去自己想去的餐厅，吃自己想吃的饭菜。

(38) 工作压力大时，不自己扛，找人倾诉。

(39) 不高估自己的能力，对有些事学会说“no”。

(40) 要求自己的另一半承担一些责任。

(41) 犯了错误时，学着原谅自己。

(42) 不去想昨天发生的事情。

(43) 情绪差时，不暴饮暴食。

(44) 被人误解又解释不清时，不郁闷，交给时间，一切会真相大白。

(45) 受到打击时，一个人去K歌发泄。

(46) 每天抽出几分钟时间，什么也不想，以最舒服的样子放松。

(47) 闭上眼睛憧憬未来。

(48) 幻想你跟爱人的另一种生活场景。

(49) 不拿爱人跟比他强的人做比较。

(50) 时常留意自己有而别人没有的东西。

(51) 给父母买件礼物。

(52) 与兄弟姐妹一起共度周末。

(53) 尝试学习一项新的技能。

(54) 每天主动给爱人一个拥抱。

(55) 以小鸟依人的姿态与自己的爱人相依偎。

(56) 在浴缸中放入花瓣和精油，怀着快乐的心情泡个澡。

(57) 学会游泳。

(58) 被人拒绝时，赶紧把目光投向下一个目标。

(59) 养一盆好养的绿植。

(60) 买一束鲜花插在花瓶中。

(61) 参加一些心灵修炼课程。

(62) 学一样自己最想学的事情。

(63) 把一些好玩的录像翻出来看。

(64) 把自己的办公桌收拾得温馨又整洁。

(65) 桌子上摆上自己最喜欢的东西。

(66) 不去看不惯别人，总是微笑。

(67) 与小孩一起玩儿。

(68) 去爬山，并对着远山大声喊叫。

(69) 尽情地哭一场。

(70) 和好朋友谈论一场电影观后感。

(71) 删去便签条上已经完成的事情。

(72) 努力完成工作，越拖压力越大。

(73) 睡一个美容觉，睡到自然醒。

(74) 每天将自己的梦想向前推近一点。

(75) 总有“我会变得更优秀”这样的想法。

(76) 感受别人对自己的关心。

(77) 努力让自己变得更有能力。

(78) 生气时努力克制自己。

(79) 以某人为蓝本，学着让自己优雅。

(80) 说赞美的、积极向上的话，不打击、不抱怨，不说脏话。

(81) 给自己存一笔私房钱。

(82) 任何事情都不要太依赖男人，能用自己的钱买自己的包，也有能力拎包走人时不为无处可去、无钱可用而抓狂。

(83) 选用你自己栽种的蔬菜或者当地的农产品，做出一顿丰盛的美餐。

(84) 把一个幼小的孩子抱在怀里。

(85) 请求某人的帮助，让他帮你拿东西。

(86) 让家人帮你下厨、打扫卫生、带孩子和购物。

(87) 请一个称职的钟点工，把房子收拾得光洁整齐。

(88) 研究一个国家或民族的特色文化，品尝他们的美食。

(89) 和朋友一起品尝葡萄酒。

(90) 关注社会新闻和政治新闻。

(91) 参观一家艺术博物馆。

(92) 为你的孩子制作一本精美的画册，或者烘焙一块美味的蛋糕。

(93) 让你最好的朋友给你邮寄他们最近的照片。

(94) 把具有相同或相似兴趣爱好的朋友名单罗列出来，定期跟他们一起参加或开展某项活动。

(95) 实践一种崭新的饮食计划，以便增进个人健康。

(96) 为朋友举办一次惊喜派对。

(97) 把你平时最爱吃的餐厅的电话记下来，在你不想下厨时，可以打电话叫外卖。

(98) 把你读过的书捐赠给医院或者图书馆。

(99) 为饥饿的流浪者提供饭菜。

(100) 主动帮一个朋友做一件事。

(101) 与他人共同合作，或自行组建一家“妈妈俱乐部”。

7 火星人帮助金星人释放催产素的 101 种方法

美国耶鲁大学公共卫生学院等机构的专家做了一项调查，找了一百七十八对年龄在三十七岁至九十岁的已婚夫妇，然后对他们展开分析，试图找出婚姻幸福的科学依据。

这些专家发表的相关论文研究结果指出，婚姻是否幸福，和夫妻体内的催产素受体基因（一种与催产素有关的基因）有重要关系。一对夫妻，只要有一人身上有这种基因，那么夫妻就会有较高水平的婚姻幸福感。

催产素凭什么会让婚姻更幸福？从催产素的作用来看，可能性非常大。催产素可以促进信任，减少负能量，让人更乐观。试想一下，如果夫妻之中有人做到了这一点，那么婚姻幸福的概率能不大吗？

如果男人想要跟女人把未来的路走得更加融洽、顺畅，就要持续不断地把爱给女人，时时用爱滋养她，这样她才可能日趋完善地变成你心目中期望的那个样子。所以，男人必须为促进女人催产素更多地分泌而尽一份力。

(1) 带着她去做运动。

(2) 一起比赛跑步或游泳，但你要偷偷让着女人。

(3) 睡觉时最好搂着她，而不是给她一个后背。

(4) 回家第一时间打招呼的人，不是母亲，不是孩子，而是她。

(5) 回家看不到她时，给她打一个电话。

(6) 下雨天不管她带没带伞，都跑去给她送伞。

(7) 打雷时要陪在她身边。

(8) 早晨为她热一杯牛奶，或者泡上一杯茶，尤其在周末的早晨。

(9) 关注她新买的外衣。

(10) 不管她为你做了什么，都要说“谢谢”。

(11) 选一首新歌跟她分享。

(12) 一起出去时，总是牵着她的手。

(13) 讲一些笑话给她听。

(14) 教她学车，即便她很笨，也不责备，要有耐心。

(15) 每个月认真听她唠叨一次。

(16) 不管你的意见是否正确，先安抚她，然后再做解释。

(17) 接受她的道歉，说“我其实一点都不介意”。

(18) 她洗澡时主动询问是否需要帮她搓背。

(19) 既然要帮她干活，就要做得完美一点。

(20) 为她学一首歌。

(21) 最好把工资卡交给她。

(22) 给她一些钱，让她买自己想买的东西。

(23) 主动要求和她一起制订理财计划。

(24) 询问她对自己要做的事有什么看法，即便不采纳，也要问问。

(25) 给她夹菜，说一些“老婆你太辛苦了，多吃点”这类的话。

(26) 即便她胖了，也不要告诉她，女人很在意自己的体重。

(27) 有时候把她当成一个小姑娘疼爱。

(28) 她要求你背她时，不如就满足她。

(29) 夸赞她身上她不曾留意的部位。

(30) 当她向你求助时，重视她的问题，不要敷衍了事。

(31) 在未经请求的情况下，主动帮她整理碗柜。

(32) 一起协商要不要买一台跑步机或者请教练帮助健身。

(33) 帮她下载一些新电影。

(34) 主动给她的手机或平板电脑下载一些新歌曲。

(35) 买一束她最喜欢的鲜花送给她。

(36) 在她的书桌或电脑桌前放上几盆她喜欢的花草。

(37) 吃饭时主动帮她把椅子拉出来。

(38) 送她一盒上好的茶叶。

(39) 给她一张购物券，让她买自己想买的东西。

(40) 给她买一套性感的内衣。

(41) 鼓励她多跟朋友来往，给她两张电影票，鼓励她跟朋友去看电影。

(42) 替她打开汽车车门。

(43) 在购物回家的路上，主动询问她是否很累，要不要休息或者是否需要帮她拎东西。

(44) 主动要求陪她外出购物。

(45) 帮她整理一下杂志或者书籍。

(46) 对她说“我爱你”。

(47) 夏季将她最爱吃的冰激凌或者饮料放进冰箱，并不定时问问她是否需要更换口味。

(48) 帮她晾衣服，或把晾干的衣服叠整齐。

(49) 在厨房放上一台小型收音机或者电视机。

(50) 问她是否有干洗的衣服，帮她送到干洗店，并负责取回。

(51) 下载几部浪漫的喜剧片，当她情绪不佳时陪她一起看。

(52) 给她和孩子做几顿丰盛的早餐。

(53) 去公园时，租用双人自行车游览美景。

(54) 一人买一辆山地车，周末一起出去兜风。

(55) 带她去划船。

(56) 给她发一封邮件，告诉她，你很想念她。

(57) 把自己的内裤、袜子洗干净，不要等着她来帮你。

(58) 在她忙碌时，主动找活儿干，帮她分担家务。

(59) 和她一起去参观画展或去博物馆参观。

(60) 主动邀请她的父母跟你们一起外出用餐。

(61) 和她一起去钓鱼。

(62) 和她一起去打篮球或者羽毛球。

(63) 把床铺整理好。

(64) 制作一个“电子相册”，把她最漂亮的照片放进去，与她一起分享。

(65) 为你们的孩子制作一部生日短片。

(66) 带着她去滑雪。

(67) 送她一个护身符，让她戴在身上，希望她出差或者旅行顺利。

(68) 询问她的爱好，买一样跟她的兴趣有关的东西给她，比如，她喜欢跳舞，就给她一张培训班的季卡。

(69) 对她的品位表示赞赏。

(70) 询问她白天的工作情况，提出具体而不是空洞的问题。

(71) 为她买一份保险。

(72) 跟她一起去书店或者环境清幽的书吧，看各自喜欢的书。

(73) 把属于你自己的物品定期清理一遍。

(74) 平时多说几句“谢谢”。

(75) 约上其他夫妻或者情侣，一起去野炊或者聚在某家打牌。

(76) 她不在家时，把打给她的电话写下来，不要忘记告诉她。

(77) 在电影院看到恐怖的镜头，第一时间蒙住她的眼睛。

(78) 牵着她的手一起看浪漫的电影。

(79) 不用她提出要求，主动帮她换掉坏的灯泡或者疏通堵塞的下水管。

(80) 去你们初识或热恋的地方约会。

(81) 给她当司机，开着车去她想去的地方兜风。

(82) 送给她一株兰花植物，这会让她非常惊喜。

(83) 给彼此满上饮料或酒水，为她的健康和两人的爱情干杯。

(84) 带她去参加车展。

(85) 假如载着她去长途旅行，为她播放一本有声读物，尤其是她喜欢的。

(86) 跟她商量要不要给孩子存一笔基金。

(87) 给她一张美容卡，让她定期去保养自己。

(88) 当她从浴室走出来时，告诉她，她看上去美极了。

(89) 跟她一起去选购绿色无污染的蔬果。

(90) 在她怀孕期间，把一切零碎的活儿都包揽下来。

(91) 当你们准备招待客人时，主动帮她做点什么。

(92) 每周为她做一顿晚餐。

(93) 如果她把整个屋子打扫得十分整洁干净，要对她的能力和付出表示赞赏和感谢。

(94) 假如某天她下班很晚，帮她热好饭菜。

(95) 在卡片上写下祝福或亲密的话，在特殊的日子送给她。

(96) 如果她开不好车，带她去宽广的地方练车。

(97) 改变对她的称呼，称呼越亲密越好。

(98) 当她来月经时，主动帮她熬一碗红糖水。

(99) 如果她想吃某种食物，即便是反季节的，也要重视，并帮她买回来。

(100) 定期询问她是否给她的父母打过电话。

(101) 给她的父母送去一份节日的礼物。

男人不要小看这些事，它们在改变你跟爱人紧张的关系，提升婚姻幸福度方面，有着巨大的作用。遇见一个人不容易，跟她携手更是得来不易，你每天陪她的时间是有限的，不如就利用好这相处的时间，好好宠她。你足够爱她，她才能足够爱你。

8 学写感受信

如果你遭遇了情感的创伤，那么不妨用二十分钟时间写下你内心的感受。以下是约翰·格雷大师为你提供的一种通用的写作格式。

“感受信”分为三个主要部分。

(1) 表达你的每一种疗愈性情感，包括你想要什么、需要什么和你的愿望。

(2) 表达你想从对方那里听到的充满爱与理解的回应。

(3) 表达你的宽恕、理解、感激和信任。

在写感受信时，你可以想象那个人听到了你想说的每一句话，想象他能充分体会到你的感受，想象他正以你想要的方式来理解你、支持你。

感受信的格式如下（以下信件中的情况仅为举例）：

亲爱的：

我写这封信给你，分享我内心的痛苦，是希望自己能够重新接纳你、宽恕你，一如既往地爱你。

现在，我（感到孤独，内心受到了伤害）。

(1) 我对（你离开我）感到很生气。

我生气是因为（你爱上了别人）。

当你（跟她在一起恩恩爱爱，却不管我的死活）的时候，我感到很生气。

我不喜欢（被抛弃）。

我很希望（你依然爱我）。

（2）我对（我的生活没有你）感到很悲伤。

我感到悲伤是因为（不知道没有你的日子怎么过）。

当你（一点都不念及我们以往的幸福，决然离开）的时候，我感到很伤心。

我想要（你爱我，从今往后我能过着幸福的生活）。

我希望（你爱我，就像当初承诺的一样）。

（3）我对（自己是否一厢情愿）感到很害怕。

我感到害怕是因为（我不知道自己做错了什么）。

当你（离开，而我必须重新来过）的时候我感到很恐惧。

我不想要（一个人孤单地生活）。

我需要（你的爱和你的陪伴）。

（4）我对（我们不能在一起）感到很遗憾。

我感到遗憾是因为（没法让你改变主意）。

当你（跟我共同拥有了一段美好的回忆，却不能天长地久）的时候我感到很遗憾。

我想要（爱你，跟你共同走进婚姻的殿堂）。

我希望（我能学会放手）。

谢谢你耐心聆听。

爱你的（大熊）

在回答这些问题的时候，你就有机会去感受自己内在的愤怒、伤心、恐惧、遗憾以及其他类似的情绪。比如，什么事发生了、什么事没发生、可能发生什么事、什么事不可能发生等。

你可以平静地回忆离开的爱人，而不是陷在痛苦中不能自拔，有了这样的认识和能力，你就可以自在地与内在感受亲密接触，并逐渐放下伤痛。

给那个虚拟的他写一份感受信，然后再以虚拟的身份给自己回一封信，把你最想从他那里听到的话写下来。写下自己真正想要的和需要听到的话，会有助于我们更好地打开自己，去接受我们应得的支持。通过这种支持，心门会重新打开，伤痛也将获得疗愈。

回信格式如下：

(1) 谢谢你（与我分享你内心的感受）。

(2) 我理解（我对你造成了很多的伤害）。

(3) 我抱歉（自己不能像从前那样爱你，这让我感到很抱歉）。

(4) 请原谅（我的离去，也原谅我对你挽留的拒绝）。

(5) 我感激（你曾为我做的一切，但我知道你并不是我的灵魂伴侣）。

(6) 你值得（拥有一个比我更好的人，从此过上幸福的生活）。

(7) 我希望（你能够开心，早日找到自己的灵魂伴侣）。

即便写信和回信的都是自己，但只要花点时间去肯定自己的积极情绪，你的心情就会渐渐好转。

另外，写下让我们感到自己被支持的回应之后，另一件重要的事情就是去表达和肯定你的积极情绪，比如你的宽恕、理解、感激和信任。为了协助你写出自己的积极情绪，你可能会需要写一封收尾信。

收尾信格式如下：

(1) 谢谢你（的爱，我也会永远爱你）。

(2) 我理解（我应该放手，我也会这么去做）。

(3)我认识到(这需要时间,我感到很受伤,我知道自己好起来需要一段时间)。

(4)我明白(你不是我的附属品,你有权做出你的决定)。

(5)我原谅(你不再爱我,也原谅你不愿意给我任何机会)。

(6)我感激(你陪我走过的这些年)。

(7)我相信(自己会从伤痛中走出来,并重新找到真爱)。

(8)当下,我的人生正处于(重拾真爱)的阶段,我相信(我会走出这段恋情,重新开始我崭新的人生)。

以上是你写感受信的全部形式,如果你正处于失恋且不能自拔的状态,或者离异而失去了最爱的人,在你感觉悲伤时,不妨以这样的书信方式来宣泄自己的痛苦。当你多尝试几次后,痛苦也许就会随着时间慢慢淡去。

9 90/10 原则

我们时常说,矛盾的根本不是现在,而是过去的累积。约翰·格雷用他的 90/10 原则分析了这个问题。他认为,让你产生懊恼或难过情绪的原因,90% 都跟过去经历的事情有关,而当前的事让你心情不好的比例只占了 10%,也就是说,现在的事不过是一个"导火索"而已。

每个人大概都有这样的经历:你的爱人说你衣着品位差,这事让你耿耿于怀;随之你想起了他在过去的那些日子给予你的打击;他说你买的东西很差劲,他认为你的气质没有其他女人好。这些事单独发生没什么,一旦累积起来,就变成了大事,于是,你越想越生气,最终就爆发了。可见,最终导致你爆发的，不是他今天说的这句话，而是他过去说的很多不合适的话的累积。

还有一种情况是，过去你曾受到过来自别人的打击和伤害。在你很小时，别人可能对你的某些行为指指点点，只是那时候你还很小，并没有意识到这对自己的伤害有多大。只是等到今天，当眼前的人用小时候别人对待你的方式对待你时，你才意识到这种伤害，即便你有理由抱怨小时候打击你的人，但此时此刻，你唯一能抱怨的就是眼前这个人，你要把以前受过的委屈，一股脑儿发泄在这个人身上。

理解了这种心理，我们就可以把对方的爆发看成一次情感的疏导和宣泄。这种宣泄就好比把垃圾篓清空一样，其实是好事。等你的爱人“倒空”他的情绪，而你又给予包容时，他可能会以更加积极健康的心态来爱你。

但是，大多数时候，我们并不能这么深刻地理解这个道理。你会以为这只是一件鸡毛蒜皮的事情，可你的另一半却看得过于严重，且以超乎寻常的语气来批评你，你简直难以忍受他的这种挑剔和不近人情，所以你会很反感，会有逃离或者与对方结束关系的念头。实质上，没有无缘无故的爆发，一个人冒着丢掉感情的风险做冲动的表述时，说明他内心肯定有着难以名状的痛苦。如果真的爱他，不如就给他一次这样的宣泄机会，并给予理解和原谅。或者在苗头不对、唠唠叨叨、挑剔难缠时，写一封“情书”给对方，把自己的愤怒、悲伤、害怕的情绪说出来，也许，通过他的回信，你就会知道他这么做的真正原因。

而那个新仇旧恨一起纠结爆发的人，不如也克制一下自己，毕竟把过去与现在累积在一起的矛盾一股脑儿爆发出来，威力太大，伤害也太大。爆发前要想想可能造成的后果。

10 疗愈心灵创伤的三个步骤

在离婚、失恋或至爱离世之后，重新寻找真爱的过程，将是我们一生中最具挑战性的经历。另外，小时候或者成长过程中经历的一些糟糕的事，也会成为阻挡我们寻找真爱的巨大阻力。这种伤害就像一个毒瘤，在你正试图努力创造一段新生活时，它们偏偏时不时冒出来，使得你一次次失去理智，爆发出可怕的情绪来。就像我们在上一节说的，原本你的爱人可能仅仅做了一件微不足道的错事，可你却因为这件事想起了以前经历的一些事，这让你难以自控，导致情绪失常。目瞪口呆的爱人还以为你是小题大做，实质上连你也可能不知道，你发这么大脾气完全是因为想起了过往。

如果这样的情绪时时冒出来，会影响你找到真爱或拥有真爱，对你自己来说是一种长期的折磨。所以，我们必须想办法疗愈好自己的这些伤痛才行，具体可采用约翰·格雷大师的疗愈创伤三步骤。

在开始具体的疗愈步骤前，我们需要弄明白，每个人在结束一段伤痛的往事再重拾真爱前都会经历的三个阶段。

第一阶段：寻求帮助。男人可以从别人的同类故事和经历中获得抚慰，女人可以通过倾诉来排解情绪。

第二阶段：为失去至爱而悲伤。当内心的情绪有所排解后，我们就要直面自己目前遭遇的不幸，回忆你们曾在一起的时光，虽然这会带来痛苦，但曾经经历的爱会给自己带来抚慰。

第三阶段：在重拾真爱之前，我们必须确保自己已经完全恢复。

治愈为失去至爱而留下的伤痛有以下三个步骤。

第一步：我们需要把当下受伤的感受与过去的类似感受联系起来，如果今天我遭到了拒绝，感觉很受伤，那我就开始回忆过去被拒绝时的感受。

第二步：重新去经历当时的情形，重新去经历所发生的一切。

第三步：让当时的情景清晰起来，在重新经历那些事件的时候，我们会有更多的优势，因为现在我们拥有了更多的资源，而在当时的条件下是没有的。

然后通过前面提到的写“感受信”的三个部分，让曾经的那些伤害得到疗愈。

回顾以往的创伤就像在观看一部电影，我们可以在每一个痛苦的时刻暂停下来，然后通过探索疗愈性情感来疗愈那些创伤。

心灵的疗愈是一个逐渐展开的过程，它有好多层次，而一次只能疗愈一个层次。

我们应当运用当时的感受帮助自己找到过去那些需要被疗愈的痛苦。当我们充满了信心，并确信自己会找到真爱之后，我们可能还会焦虑或疑惑，甚至可能会怀念前任伴侣，我们先是自我感觉良好，然后又感到负疚，最终是充满自责和不自信，觉得好像与温暖的爱失去了联系，取而代之的则是空虚、麻木和痛苦。其实，这并不代表退步，而是你要进入下一个疗愈层次的前兆。

疗愈需要时间，每前进一步可能就会倒退一步，但比起一开始你还是进步的。

如果能和一位朋友、治疗师或者一个互助团体分享我们的感受，有助于我们顺利走完疗愈的这三个阶段。

11 从小就应该培养孩子的重要能力

也许再没有什么成功能比培养出一个优秀的孩子更成功的。孩子作为上帝送给我们的一个小天使，虽然他未来走的每一步路都可能被安排好了，但父母的努力也能给这种注定带来1%的可能，别小看这1%的转变，它可能就是一个普通儿童与优秀儿童的差别。所以，从孩子还是婴儿时开始，父母就应该用正面的能量影响他，培养他的能力，争取为他创造一个美好的未来。具体应该培养哪些能力呢？

(1) 独立能力。不要凡事为孩子代劳，让他做一些力所能及的事情，他会做的事情越多，越有利于他在社会上更好地立足。

(2) 自我调节能力。培养孩子想问题时视野宽广、不钻牛角尖的能力，有消极情绪时要懂得自我调节。

(3) 自己做决定的能力。孩子有自己的思想，父母不要什么事都替孩子做决定，把主动权交给他。

(4) 自由发表看法的能力。不要因为孩子小就约束他，他有什么想法，给他尽情表达的机会，孩子只有说出来，你才能明白他想要什么。

(5)会说话的能力。父母怎么说话，孩子也会怎么说。所以在孩子很小时，父母就要用自己的语言魅力来影响他，多说好话、鼓励的话、积极向上的话，多用礼貌用语和赞美语。

(6) 学会说“不”的能力。孩子从小知道自己想要什么，不想要什么，等他长大了在选择面前就会有更好的判断。

(7) 培养不骄不躁的能力。告诉你的孩子天外有天、人外有人的道理，告诉他虽然很优秀了，但还有发展的空间。少用“你是最了不起的”“你无人能敌”这样的赞美语夸赞孩子。

(8) 培养为人处世的能力。在你与人交际时，把孩子带在身边，让他感受父母是怎么与人交际的，你最好待人热情，让孩子感受到正能量。

(9) 与人合作的能力。告诉孩子，个人的力量是有限的，只有懂得整合资源和与人合作，才能创造最大效益。

(10)快乐的能力。父母要带头表现出无论遇到什么事都能快速整理心情，让自己快乐的能力，不要在孩子面前长吁短叹。如果孩子遭遇问题，要带着他一起解决，并告诉他没什么大不了。

(11) 施爱的能力。关心别人，友善对待小动物，要让孩子看到你的怜悯之心、友爱之心，家长的潜移默化，才能让他养成施爱的能力，一个有爱的孩子会成长得更健康。

(12) 保护自己的能力。让孩子做一个懂得保护自己的人，不会误入歧途。教会孩子一些防御技能，比如火灾现场怎么逃离，地震时的防护手段，还有怎么保持自己的健康等。

(13) 学习能力。不以成绩高低来衡量孩子的学习能力，而是思考怎么培养他自主、对学习感兴趣以及良好的学习能力。

(14) 培养个人兴趣的能力。孩子可能对什么都好奇，但未必是个人兴趣的体现，父母可以通过观察找出孩子可能感兴趣的事情，并培养他的兴趣，为他创造发挥潜能的机会。

(15) 观察能力。培养孩子的观察能力和对事物的好奇心。父母可以带孩子去野外观看蚂蚁、蝴蝶、蜜蜂的活动，给孩子看动物频道的节目，观察时要多提问。

(16) 爱人的能力。爱是最积极的情绪，有爱的孩子情商比较高，容易与人相处，在各种场合都能游刃有余。教孩子平时要礼貌待人，让他帮助别人做一些小事，懂得感恩和感谢。

(17) 阅读能力：读书能明理、开阔胸襟、增长知识，父母要以身作则，跟孩子一起读书，不定期去图书馆或书店借书或购书，并养成习惯。

(18) 理财能力：学习理财的过程可以训练孩子思维的缜密度，也有助于孩子形成对金钱的理解和看法，培养投资理念，也可以教会孩子一些简单的商业技巧。

(19) 思考问题的能力：一个不会思考的小孩，很容易钻牛角尖，父母不妨从小引导孩子，培养他遇到问题多角度思考的能力。

(20) 动手能力。如果孩子什么都不愿意做，你培养他的其他能力都将变得毫无意义，不如平时多引导孩子，跟他一起养一盆花、养几条鱼、栽一棵树或一起打扫卫生，出门时让他帮妈妈拿东西，晒衣服、被子时让他也拿一两件，让他自己吃东西并帮忙收拾碗筷，自己刷牙等。不要打击孩子做事的积极性，如果他帮助你，要向他表示感谢。

幸福心经

我和约翰·格雷有个约会

第九章

多维度的幸福

钻石之所以坚硬无比、熠熠生辉，是因为它有很多面，可以把光折射出来，是赤橙黄绿青蓝紫七种颜色经过多次的折射，形成了彩虹一样的璀璨光芒。幸福也是一样的，幸福是多维度、多层次、多结构的，幸福不仅来源于感官和物质欲望的满足，也来源于精神需要和社会性需要的满足。

1 关于包容与理解

罗曼·罗兰曾说:“世界上只有一种英雄主义,那就是认清生活的真相后,依然热爱生活。”而在现实生活中,与褚时健相伴六十四载的夫人、褚马文化交流中心的主席马静芬无疑是这种英雄主义最典型的代表之一。

在相伴六十四载的人生中,他们彼此理解和包容,历经生活的洗礼,他们始终相濡以沫,共担风雨,即使跌落谷底,也依然相伴再造辉煌,在无数受访场合,马奶奶说的永远是“下辈子还嫁给你”。

我第一次见到马奶奶是在2018年,马奶奶受邀参加一场论坛作主题演讲,从演讲开始直至演讲结束,全场不断响起如雷鸣般的掌声。在晚上小范围的聚会中,我们第一次近距离接触。她一边递给我褚橙,一边关切地问我:“腿怎么了?”

在此之前,我已耳闻些许她经历的磨难,与她相识后,又知晓了一个形象更为立体的马静芬。

许多人常感叹她有勇气挣脱门第的束缚,执意嫁给当初还是“贫民”的褚老,又感慨虽时运弄人,她却不离不弃地追随被下放的他,从一位人民教师变成“养猪倌”,靠帮别人织毛衣来养家。他们后来的人生更是跌宕起伏,曾一路攀升成为笑傲风雨的“烟王”,也曾身陷囹圄,痛失爱女。当风风雨雨终于告一段落,家财散尽的两人又在耄耋之年,举债上山开垦果园。等再度回到人们的视线时,褚老已成了一代“橙王”,而她头戴“柑后”的王冠。

每当我赞美他们爱情的坚贞时,她总会在满山柑橘树的飒飒声中,露出自豪的神情:“之前,我没资格叫马静芬,我只是个家庭主妇,只是褚马氏。

褚时健对我好，我就感觉好；对我不好，我就哭闹，但现在不同了。因为，我有我的事业。人生总有起落，六十四年的相守相伴中只有包容与理解才会相互成就，没有我就没有他，没有他也没有我。”

几十年里，褚老和马奶奶虽经常吵闹，但都不约而同地选择在最艰难的时候相伴相守。他们经历了无数令常人无法想象的挫折和困难，但是因为包容与理解，等一切都过去之后再谈起来都云淡风轻了。马奶奶说：“最穷的时候，我们因为有他，所以从来没有发愁过，一辈子我感觉到没有什么可怕的，我觉得很安全。对个人的生活方式给以多多的包容，原则上的问题互相理解，好好商量，六十多年过去了，如果一吵架就离婚我们不知道已经离婚多少次了。”如果说给马奶奶和褚老的幸福作一个总结的话，可以这么说：褚橙，是在总结他们励志的前半生；褚柑，则是他们在一切尘埃落定后，默默无声的告白；褚橙庄园则是马奶奶对诗意生活的追求。在马奶奶的人生长河中，包容与理解两个词诠释和见证了她生活中每一个时刻的真实的幸福。**不管在任何场合，年近90高龄的“90后”马奶奶都会双手合十，给所有人一个祝福：“祝愿《幸福心经》的读者健康、平安、吉祥、幸福地活到一百岁不封顶，还能撸起袖子加油干。”我想，马奶奶把幸福的含义都融入在了这三十五个字的祝福语中。**

2 关于审美

张砾心是一位一直引领女性，走在审美前沿的优秀老师，她是中专学历，因为长得很胖还有一脸痘痘，在最美的青春年华里却是最自卑、忧郁，最不自信的。有一次，外地的同学写信让她寄照片过去，她没办法，硬着头皮去学校旁边的照相馆拍了三张照片，等照片洗出来了后再看时，她发现自己并不是那么丑，还挺好看的。

从此她开始接纳自己，慢慢喜欢上了自己，而且对摄影产生了兴趣。她想用镜头去记录普通人的生活之美，帮助更多像她这样在镜头面前紧张，对自己不自信的人通过一张张美丽的照片爱上自己。

好的照片可以定格美好的时光，那是一种美好的载体，承载了人们的喜怒哀乐。在二十七年从事形象设计及摄影的过程中，张砾心自己也从一个曾经自卑、不擅沟通的内向型人，变成了大家眼中懂得她们美的，擅长引导和捕捉她们最美瞬间的美女摄影师。很多找她拍摄过的客户最后都成了她的好闺密或事业伙伴。印象最深刻的是，一位广东的有两个孩子的妈妈亲自来到武汉让她帮助做整体形象设计及拍摄。当她穿着张砾心帮她确定的最适合她的色彩和风格，穿符合不同场合的服装，亲自教导她站、坐、行、走的最佳上镜表情，拍出不同场景的美时，她看到一张张知性优雅、自然绽放的照片时，瞬间流下了感恩和幸福的泪水。她说:“砾心，谢谢你！我从来没发现我还可以这么美，是你让我重新找到了自信！”那一刻，张砾心再次感受到自己的专业和工作带来的价值与意义。美不仅仅是一种展示，美如果能转变成一种能力，帮助到更多的人，它就是很有意义和价值的一件事。

3 关于独立

曾经的艾娃是一位患抑郁症的宝妈，根本看不到希望，她放弃上市公司高薪职位裸辞备考MBA，结果因为意外怀孕，梦想中断，而且孕期经历大出血差点丧命，生孩子的时候痛了一夜，开到十指仍无法顺产，不得不进行紧急剖宫产手术。

当她听到孩子“哇”的一声哭声的时候，没有预想中的欣喜，反而感到焦虑和内疚，因为她近三年没有工作，家里只靠老公一个人微薄的工资撑着，钱总是不够用。一想到孩子以后要有那么多支出，焦虑每天如影随形。果然，购买婴儿车、尿不湿、奶粉等各种杂七杂八的费用，一个月下来有时候还要靠自己妈妈贴补，孩子的养育费、高额的房贷，一下子把她压垮了……职业挫折、经济压力、孕期及生产不顺、家庭矛盾、身材走形，最终导致她得了产后抑郁症。

想到几年前自己一个月能赚好几万元钱，在上市公司分管全国直营，给许多收入高的客户培训，很受人尊敬。现在却要每天为钱发愁，变成了邋遢无用的中年妇女……

就这样，她每天受焦虑和抑郁情绪双重折磨，严重的时候，甚至出现过幻觉，仿佛在房顶看到有一根绳子，很想把头伸进去，她曾想过自杀，觉得自己像个废物一样，不是个好妈妈，不配拥有幸福的人生，当时真的非常绝望。但是她没放弃，因为女儿当时才几个月大，看着女儿的时候，她觉得无论如何都要重新爬起来，为女儿和自己争取一个更好的未来。

后来，她开始自学运营知识，并成功获得互联网运营管理岗的职位，而这一切都发生在短短四个月的时间里。要知道本来女性生完孩子以后，不管是留在原公司还是跳槽，面临的挑战都是巨大的，况且她还是一个三十多岁，三年都没有工作的宝妈，完全是零经验转行到互联网运营岗。她原本以为能有几千元钱工资的运营专员做做就不错了，没想到一口气得到了七八个运营管理岗的职位，最终她选择了一家在线教育公司，跨行跨专业，成了市场部高管。

虽然是管理层，但其实工资不算多，而且非常忙碌，经常加班到很晚，她想给孩子更多陪伴，同时也渴望赚更多钱，减轻家里的经济负担，于是开始学习创建个人品牌，摸索如何开展副业。因为完全没头绪，她从 2020 年下半年开始，前前后后借钱砸了近三十万元在学习上，买了一堆课，从便宜的到十几万的，几乎市面上跟个人品牌、副业相关的课都买了个遍。在摸索副业的过程中，她踩过无数的坑，走了很多弯路，但一直没怎么赚到钱。当时她真的非常焦虑、痛苦，想放弃，可是不甘心投出去那么多的钱，想继续又不知道怎么做才能赚到钱，直到遇到了贵人，再加上不停的学习总结，最后终于“开挂”了！

结合她的个人优势，她最终将副业方向调整定位为：以成交为切入口，帮助普通人打造个人 IP。

她从一开始日入几百元，到二十四小时收一百多万元，取得了很大的突破，因为朋友圈文案写得好，还成功引起了重量级人物的关注，某前 BAT 高管主动找她谈合作，称赞她非常厉害；某在线教育头部品牌，知名投资人也主动邀请她来洽谈合作。

艾娃终于摆脱了“心在坐牢”的日子。无论生活如何艰难，她永远都在向上看，从未放弃，这也是一种幸福人生，更重要的是，她的独立让一群曾经像她一样的女性看到了更美好的未来……

4 关于感恩

清华大学心理学系教授彭凯平曾经这样说:“感恩之心它不是什么特殊的技巧和方法,它是一种人类的复杂的、优雅的、道德的体验。”尼采说:“感恩,即是灵魂上的健康。”我有一位非常好的朋友叫安妮,她与别人有不一样的对幸福的感触。

安妮出生在一个非常幸福的三口之家,早前,在身边的朋友和同学还不是很富裕的时候,她们家已经非常富裕了。安妮五岁的时候,她家就成了上万名国企职工小区宿舍里比较富的家庭,安妮爸爸妈妈都爱好艺术,也重视对安妮的培养教育。他们给安妮买了第一架钢琴,父母还请了名师辅导她上钢琴课,交高昂的学费学习钢琴,培养她的艺术气质。在那个年代,她在别人的眼中,既是最早一批“富二代”,又是个争气、学习好,不用家长操心的好学生,同学们羡慕她学习好、家庭条件好,甚至老师也会由于她的优秀受到学校表彰。安妮童年的生活,是在所有人的交口称赞中度过的,她是被捧大的。每一次家长会,她的父母都会被班主任叫上讲台,分享教育经验。

安妮的父母感情很好,他们一起创业,同甘共苦,恩爱有加又彼此扶持,安妮经常看到他们早出晚归,晚上回家后还在灯下讨论第二天的工作。父母也都喜欢学习,晚上会陪安妮一起看书读报,在这样幸福的家庭氛围的影响下,安妮每天都很开心。有一个记忆,她说到现在想起来都是那么幸福,在晚上昏黄的灯光下,三口人一起头碰头吃粉皮豆角炖土豆的情景,她一想到就会热泪盈眶。那时候,简单的幸福就是一家人在一起的样子。

十八岁时,安妮顺利通过高考,以非常优异的成绩考上了山东大学,并且就读了当时非常热门的生物学专业,这一切看来都是那么完美。没想到,噩耗突然降临，她最爱的妈妈被检查出癌症晚期……她清晰地记得拿到诊断书的那个下午，开始她并不明白化验单上的Ca是什么意思，直到看到爸爸红了的眼眶。她不敢相信这是真的，她一再确认，怎么可能？妈妈才四十多岁啊，怎么可能就要离开自己？她还有很多事情没有和妈妈一起做啊。可是一切都晚了，从发现病情到妈妈离开只有四个多月的时间，没有给她和爸爸更多的时间。

世事无常，上天就是要在一切看起来是那么幸福的巅峰时刻重重地打击她，挚爱的妈妈最终还是离开了。妈妈离世的打击让安妮颓废了很长一段时间，她不想说话、不想学习，开始自闭、酗酒，整夜失眠、大哭，情绪很低落，甚至开始质疑生命的意义，一度放弃自己。福无双至、祸不单行，几年后，爸爸由于之前的劳累突发心脏病也撒手人寰。这双重的打击让安妮的世界几乎崩溃，她一下子没有了任何依靠，成了一个孤儿。

就在她以为幸福即将要消失了的时候，她又再次寻找到了幸福的意义。由于她之前的成绩很优秀，各项表现很突出，她拿到了学校的奖学金及勤工俭学的收入，没有了太多生活和学费的压力，甚至还争取到了保研和出国交流的机会。她说："我感恩我十八岁时的初恋，到今天我还是感谢他，即使现在时过境迁，光阴荏苒，我没有能和他在一起，但我仍然要感激他在我母亲和父亲先后去世期间对我无微不至的照顾，他那时像阳光一样照亮了我受伤的内心，也鼓励我走出了阴霾，努力过好以后的生活。他告诉我："挺过去就好了，我们无法改变这一切，但我愿意陪着你度过这段时间。我也感恩父母给我的丰富的爱，让我有勇气直面所有的人生挑战。"那时候，安妮对幸福又有了新的认知，那就是：在你真的需要得到别人帮助的时候，有一个人无条件地、真心地愿意帮助你，这是一种幸运，也是一种幸福，当我们拥有感恩之心的时候，我们就会发现，原来我们从不曾失去。

5 关于音乐

尼采说:“如果没有音乐，生命会是一个错误。”苏霍姆林斯基说:“音乐不是培养音乐家，首先是培养人。”世界上许多名人都很热爱且精于音乐。

郭燕妮是中国著名心灵原创大型民族史诗音乐制作人、小提琴演奏家，她说:“音乐史诗作品能够得到人们的接受、喜欢、传承，我就是幸福的，这种幸福是一般人不能感受到的。”

她认为，这个世界上所有的幸福都是在痛苦中涅槃重生；没有无缘无故的痛苦，也没有无缘无故的幸福。音乐属于个体与社会整体意识形态里精神层面的“无语言”的艺术，会欣赏、会享受，能够沉浸在音乐里(歌曲的、歌剧的、交响的……)，听得懂音乐的人是幸福的，因为他们能在音乐艺术里得到精神层面，甚至在心灵深处得到愉悦、快乐、满足，他们就会感受到“幸福”，这是由内而外的幸福，充满着无比的欢欣。她经常说:“一音一世界，一乐一菩提。”

燕妮四岁开始学习小提琴，枯燥无味的练习，没日没夜的翻来覆去地拉琴，那种练琴的痛苦一直延续到她大学毕业。可是，从幼儿园到中小学，再到大学，每当她给大家的演奏得到所有人的认同，在掌声响起的刹那间，幸福感都会油然而生，那种幸福感让她心灵深处由内而外的痛苦荡然无存。

当她开始独立思考、独立创作、独立在舞台上演奏自己作品的时候，她才慢慢地懂得了一个音乐艺术工作者与生俱来的社会使命感，只有把自己的音乐作品带给人们才是幸福的，而在创作中以及在筹备演出资金过程中的许许多多不快乐和痛苦都是暂时的。

燕妮认为，音乐本身就属于全世界共通的语言，它以旋律、节奏、音律的特殊语言来表达、抒发和展示人们内心深处的情感。“音乐审美”的过程是体验幸福的过程，是需要把“审”和“美”分开理解，然后合二为一来理解的。一个国家民众的“音乐审美”可以反映出民众的知识层面和精神层面的“普世价值观”，可以说，音乐和“音乐审美”对于提升全民幸福指数的意义与价值是非常重要的。一个全民快乐、全民通晓礼仪且具有全民“音乐审美”的国度，国人的“幸福指数”就显而易见了。

6 关于阅读

嗜书如命的黄庭坚曾说:“三日不读书，便觉言语无味，面目可憎。”每个人都会在他读过的书中留下痕迹。书籍是人类的精神食粮，存满了精神食粮的地方必然是一切美好的、崇高的精神世界的载体。在现代社会，书店作为文明城市的精神地标，让无数渴望知识的灵魂有了更好的安放之处。

文化出版行业的欣欣向荣，让丰富多彩的文化精华得以汇聚和展示，也让更多追求精神享受的人们能够便捷、有效、舒适地获取图书资源，而书店起到的正好就是这样一个包罗万象的吸纳和收藏功能，更起着把文化魅力精准地向外输出的作用。尤其是对于年轻人来讲，科技的发展让他们感受到了书就像 VR 一样能带领他们进入奇妙的新世界。

李红林就是这样一位为全民阅读提供充分条件的人，在人们物质生活条件已得到极大改善的现代社会，追求更高层次的精神享受是提升幸福感的必经之路。丰富的阅读十分有利于我们对自我的及时反观、对世界的深刻认知以及对精神的坚守。在当下这个较为浮躁的社会，阅读能够让人明辨是非、保持笃定。只有汲取更多的知识营养，向更高的精神高地出发，我们才能以更宏大和深刻的视角去面对人生，获得自我价值的认同，最终让幸福感不断得到提升。因此，在我看来，阅读是幸福的助推器，持续阅读才能夯实幸福。

现在的书店并非仅仅陈列书籍，书店的文化空间的使命已愈发凸显。倡导全民阅读，建设学习型社会是国家精神文明建设的重要内容之一，而书店是促使民众多读书、读好书，获取知识、增强文化自信的阵地所在。随着更多综合型、个性化、亲民类的书店的出现，通向幸福之门的大道已然铺就，在最美书店看最美的书，难道不幸福吗？是的，这是幸福的，因为我们在阅读中走进了生活的深处、文明的深处、美好的深处、灵魂的深处、生命的深处。

张仙英是我的好友，她从内而外都散发着阅读带给她的诗意书香，阅读让她守候幸福、创造幸福 、品味幸福。

她说，很小的时候她对幸福的期盼是与父母亲人团聚，童年时对幸福的期盼是父母给予的点点滴滴的生活小确幸，长大后是亲情、友情带来的甜蜜，工作后对幸福的理解是开启一段全新的人生，即使离开父母的庇护，也可以过得很好的独立的幸福。她于多年前开创了“最美加速度书城”，书城不但滋养了她的身心，更重要的是给喜欢看书的人们带去了许多的惊喜，书店里的气息，学生的活力，举办沙龙时的收获，书城里那些百科全书、经典文学名著、天文地理书、唐诗宋词书、四书五经……充实着他人的幸福。

7 关于志愿者与公益

我曾经说过一句话：心甘情愿的付出与欢天喜地的接受都是一种幸福。当我们表现出善意的举动时，不管它的意义是大是小，都会让大脑释放出多巴胺，而血液中复合胺的含量也会增加，这两种分泌物质都会使人感觉更好。对于做公益活动的意义的理解，可能做过公益的人最有体会了。那是一种真正无我、利他，不求回报，却能得到巨大心灵满足与幸福感的体验。

哈林哥是一位双语马拉松志愿者。有一次他坐公交车忘了带零钱，上车后站在公交车的前门口刷卡处没有卡，场面十分尴尬，真是一块钱难倒英雄汉啊！后来，同车的一位小娘鱼（苏州女孩的昵称）看出了他的窘境，帮他投了一元硬币，让他摆脱了窘境。

一个人，温暖一座城。虽然一元钱看起来微不足道，但在这种场合下却显得十分重要，这件事让哈林哥暗下决心，有能力时一定要多去帮助别人，而且是不求回报的那种帮助。

后来机缘巧合，苏州金鸡湖半马（半程马拉松）组委会要招募双语志愿者。他毫不犹豫地报名了，因为他有英语专业的先天优势，英文面试顺利地通过了。组委会告诉他："参赛选手的年龄层次不同，国籍不同，如果在赛事期间出现任何突发状况，作为志愿者一定要奋勇当先，在第一时间保证参赛者的人身安全。工作虽然很琐碎，但是每一件事都不能被忽视，所以要事事小心，事事细心，以积极饱满的热情去完成每一份工作。苏州是全国文明城市，不能因为自己的一点点疏忽，而让这座城市蒙羞。要尽心尽力地做好每一份工作，尽职尽责地站好每一个岗位，用最美的微笑迎接八方来客。"

马拉松志愿者要早起，早上5:30就要赶到现场。有一天，哈林哥看到了凌晨四点时苏州的样子，那时天还很黑，宁静而祥和。那时，头班的地铁和公交车都还没有开始运营，他打车到了现场。

他被安排在比赛的起跑点，负责道路指引。他需要对哪个地方可以存包，哪里是比赛的入口，每一个路口的位置都要了如指掌。如果遇见外国友人，要用通俗易懂的英文跟他们交流。

因为在起跑点，他可以看到比赛开始时的起跑瞬间。场面相当壮观，人山人海，彩旗飘飘。参赛选手中有情比金坚的伴侣，有白发渐生的老人，有朝气蓬勃的少年。他们在跑步时，似乎拥有了全世界。

在苏州的金鸡湖举办马拉松有得天独厚的地理优势。来过苏州游玩的人都知道，苏州园林有着“移步换景”的匠心设计。每跑一步，每过一段，都有着不同的风景。

志愿者虽然是奉献者，但也是获得者，应该心怀感恩。他意识到自己很幸运，还可以去帮助别人，因此得到了内心的愉悦。同时，在利他的过程中，他一点一点发现了新的自己。

通过自己的一点点付出，让参赛选手在陌生的城市得到了帮助，参赛者一想起志愿者的服务，也能感受到一丝丝的暖意。

志愿者传递了自己的爱心，也传播了苏州的城市文明。

在帮助别人的时候，哈林哥感受到了自己的价值，体会到了幸福。幸福并不是你拥有多少财富，而是你可以帮助多少人。

另外一位热爱公益的进梅因为自己特殊的人生经历而致力于慈善公益

事业，她长期资助生活困难的留守儿童和特困家庭。对重建雅安地震灾区贡献自己的一份力量，帮助改善儿童学习环境。她说："慈善与公益是一种会'传染'的幸福感受，它们是幸福的源动力。"

8 关于运动

很多人可能不知道，大脑的活动由各种神经元组成，各个神经元之间需要有一些"信使"来传递信号，这个"信使"就是我们说的神经递质。有四种神经递质跟幸福感密切相关，它们是：多巴胺、催产素、血清素、内啡肽。

这四种物质只能通过人体自身分泌而获得。运动可以帮助人体产生这样的物质。这就是为什么说，幸福要靠自己去创造。

体育运动可以起到放松、移情的作用。有科学研究发现：即使是日常活动，哪怕只是走路、扫地、爬楼梯等，也可以大大提高人们的幸福度。

"乐行中国"的创始人逍遥子是深刻体会到这个幸福秘诀的人。大漠孤烟直，逍遥子是一位将西行之路的苦走出了别样滋味的逍遥行者。2017 年，他创办了乐行中国，带领企业家们重走玄奘西行路，四天三夜穿越一百多公里的戈壁无人区。

逍遥子大学毕业后来到深圳，在事业和家庭双丰收后，他骨子里那份对远方的追求让他在自己第一次去敦煌徒步时就一下子爱上了这个地方。当他听到月牙泉响起充满当地风情的歌曲时，抑制不住地心潮澎湃，而后又陷入沉思："你的人生真正的追求是什么？"他给自己的答案是："健康快乐活到一百岁，行走世界一百国。”

逍遥子要让企业家们感受到行走的力量，他和他的联合发起人刘雅琼一起，想让更多的人通过行走和徒步这种运动去体验不一样的幸福。“意大利的多罗米蒂，南美的马丘比丘大环线，还有南极和北极……你所想象的地方我们都要通过行走去抵达，感受行走的力量。”

我也参加了乐行中国的一次徒步戈壁挑战赛，那一次的经历让我终生难忘。在比赛开始之前，逍遥子邀请了我好几次，但我一直都没有下定决心。因为我坐着轮椅，我无法想象坐轮椅怎样在沙漠里行走，当然还惧怕一些未知的风险，但是最终让我下定决心参加的是来自心中的感动：逍遥子和刘雅琼因为我的身体原因为我特别定制了徒步路线，还特别派了一辆救援车及司机高师傅一直跟随我。四天三夜的时间里，我们经历了沙尘暴、雨、雪等极端天气，但是因为乐行中国的整个准备工作做得足够完善，足够充分，三百多人圆满地完成了他们生命中的蜕变之行，当然我还收获了三百多“戈友”们的兄弟姐妹般的深厚情谊。

对我来说，还有一个巨大的收获，那就是我这个坐在轮椅上从不运动的人竟爱上了运动，当坐着轮椅踏上敦煌戈壁，当看到壮观恢宏而空寂的好汉坡时我十分震撼，回来后我和家人、朋友们说：“武汉的马拉松比赛我一定要参加，下一次还要坐轮椅去参加戈壁徒步”。

9 关于友情

友情是幸福感最重要的来源。在人的一生中，陪伴自己的有父母、有伴侣、有子女、有兄弟姐妹，但还有一个最重要的幸福感的来源，那就是友情。益友砥砺前行，良好的友情会让彼此成为更好的人。

我有一位1963年生的属兔的好朋友，我们都叫她红姐姐。她说，记忆中，在初高中阶段，父母总在吵架，学习非常受影响，父母不分场合和时间争吵，即使她在做作业，马上要高考也是如此。她父亲喝了酒就开始骂人，母亲更多的是忍耐。那时她最期盼的事情，就是赶紧参加工作，离开这个家。

幸运的是，命运也总在眷顾她，她十八岁时非常顺利地进入高校学习日语专业，二十岁进入国有银行工作。那时她觉得她的幸福是赶紧离开那个吵闹的家。她参加工作后住在单身宿舍，同屋比她小的姐妹都陆陆续续出嫁搬走了，她想，她也要赶紧找个男朋友，有一个自己的家，这辈子就满足幸福了。

二十五岁时她如愿嫁人了！这段婚姻持续了十九年后以离婚收场，儿子归她抚养。这段婚姻给了她巨大的压力和痛苦，让她窒息。曾经一度她不再期盼有幸福的婚姻，只想一个人努力地赚钱，为儿子和自己生存！在忙忙碌碌中，也从来不会给自己时间和空间去追求婚姻的幸福，只是用事业的满足感填补缺失的婚姻的幸福感。

后来我们因为有对于旗袍、帽子、丝巾等的共同爱好而成为好朋友。后来，她读了我写的《幸福心经》，还有约翰·格雷大师的关于两性关系的有声读物，并且在一次沙龙上和演讲舞台上听我讲解两性关系的秘密，她说："原来男人来自火星，女人来自金星！"可我们在婚姻关系中却不会站在对方的角度思考，都以为彼此来自同一个星球，最终导致“星球大战”爆发。后来，我在红姐姐的帮助下将约翰·格雷大师的两性关系心理学运用到知了幸福学院，让许多人拥有系统调养身心灵的“幸福的智慧”，最终帮他们实现了智慧觉醒、生命蜕变、利他创造三个改变。

红姐姐作为知了幸福学院执行院长，也作为我的好朋友，我们一起合作了近四个年头，红姐姐让我学会了许多东西，有这样一位好朋友也是人生的一种幸福：她永远在利他，想他人之所想，急他人之所急，不断地散发着自己身上的魅力，不断地完善自我，一言一行，一颦一笑，一点一滴均如此。

10 关于动机

世界上许多事情的发生并不能用常理去分析，为什么在同样的条件下，不同的个体选择了不同的方式面对世界，并作出了不同的选择，从而让自己的人生走向了不同的方向？

我是谁？我从哪里来？我要到哪里去？这些世界性的谜题让人不断地在探索。

我在2020年非常幸运地通过美沃，跟随德国LUXX中国区总裁及知名情感专家学习了德国LUXX动机分析，重温了高考式的紧张气氛……学习内容包括：紧张的LUXX理论学习，持续的督导，研究图谱，模型组合，交叉解读，个性诊断，单项定义。研究解决方案是每天的功课，最终我通过极严格的考核后获得了LUXX的证书。

之后我开始接到一些测评分析解读案例，在分析解读数据及在之后的复盘过程中，我感受到许多人的人生受到了极大的限制，也有极大的优势和可能性没有被发掘，而当我们认识到这种限制，并且找到自身具备的优势资源去突破限制后，完全可以活出更加有活力的状态与有意义的人生。

《瓦尔登湖》里有这样一句话："如果把你的目光直接朝内心看，就会发现，在你的思想中有一千个领域尚未被发现。"而了解我们的动机可以清晰客观地看到我们的幸福观以及潜在的幸福力，德国LUXX中国区总裁说："动机会帮助我们梳理价值观，原生家庭对于人的影响是系统性的，包括：安宁——安全感及焦虑；家庭——对家人的责任担当与付出；社交——与人相处的欲望；接纳——对自我的信心。"人的整体价值观，就是让自己快乐的源泉！积极心理学之父马丁·塞利格曼博士说："只要你能在工作上更经常地发挥你的突出优势，你会使你的工作更满意。"

当我们了解了自身的动机后，也会充分地了解关于自我的更底层的东西，包括我们天生对这个世界的感受，从而更加地了解自己。

附录一

我眼中的知了老师

可乐

新的一天开始了，是跟昨天不一样，也跟明天不一样的一天，是美好的一天！

最近读到一篇文章，叫作《没有人会无缘无故出现在我的生命里》。我最记忆犹新的一句话就是：每一个出现在你生命里的人，都是有原因的，没有人是无缘无故地出现在我们的生命里的。和知了老师的相遇，很意外，但也是冥冥之中早就注定的。

第一次见到知了老师的时候，看到她坐在轮椅上，浅浅地笑着讲课、说话，回答学员的问题，那么淡定、那么从容、那么甜美，那一瞬间，我仿佛看到了她之前为这份甜美的笑容所做的各种努力，所付出的种种艰辛。可在这份笑容面前，这些努力和艰辛是多么的值得！我想起一句话：每一朵鲜艳花朵的背后都有着无数汗水的浇灌。

于是，也是在那一瞬间，我心里所有的担心、恐惧、难过、自卑等负面情绪一下子被赶走了。老师尚且能如此，我又害怕什么呢？

当我看到老师的笑容能包容一切的时候，我那个即将失去生命的灵魂又鲜活了起来，我看见这美丽笑容背后强大的内心充满着自信与自在。在这之前一年的时间里，我遭遇了身体、事业和婚姻的三重“打击”。当我第一次看见助教把知了老师抬上讲台时，我还没有听她的演讲，泪水就流了下来。一个坐在轮椅上的人都可以活得这样灿烂，我还有什么值得担心的呢？

当我第一次跟老师探讨的时候，老师就给我提出建议，说不要认为此前的种种都是“打击”，那是生命给予的“最好的礼物”。那一次，简短的几个字就让我明白了，这就是区别，是人与人的区别、悲观者和乐观者的区别、我和老师的区别！

通过那次交流，我学会了什么叫“悦纳”，什么叫“接受”，什么叫“喜悦”，什么叫“观照”，什么叫“关系重建”，什么叫“无条件的爱”，什么叫“内在的小孩”。所以，我决定师从老师，而现在我也不认为以前遭遇的种种仍是打击了，那些真是最好的礼物。

从那以后，老师教我如何经营婚姻，如何改善亲子关系，如何做一个幸福的女人。按照老师的教导，这半年来我的生活发生了极大的改变，心态也得到了极大的调整。

身边的人也惊讶于我的变化，在某些方面，我甚至也可以给她们做指导，而知了老师，就是这样一个能将我们的生活变得不一样的“魔力女人”！

我甚至希望，有一天我也能像老师一样去帮助身边的人走出黑暗。所以，当今天我的这种幸福感袭来的时候，我才知道，原来之前所有的“最好的为我所用”，都是为了将我推到和老师见面的那个瞬间，都是为了有最好的安排——与老师结缘！

我相信，一切都会是最好的安排！

附录二

运用《幸福心经》的二十个基本原则

以下列举的关于幸福的二十个基本原则是学习和掌握本书的指导，是《幸福心经》的有机组成部分或实践的策略，同时也是建立幸福大系统和统一幸福价值观、领悟幸福感的很重要的原则。

（1）时间是最好的治疗心灵创伤的“大师”，但不是解决问题的高手。

（2）没有最幸福，只有更幸福。

（3）不幸福是因为还没有做到。

（4）想要幸福，至少有一个有效的办法（幸福都是自己用行动创造的）。

（5）用对方喜欢的方式去给予他有关幸福的一切。

（6）看到的是幸福，看不到的是幸福背后的故事。

（7）在幸福大系统中，付出最多无条件爱的人拥有最多的幸福。

（8）同样的方法只会得到同样的结果。

（9）养成以结果为起点的习惯。

（10）不幸福的婚姻，是对下一代的不负责任。

（11）不可忽视的神奇话语有：“对不起”“请原谅”“谢谢你”“我爱你”。

（12）永远记住：唠叨和挑剔是世界公认的婚姻“头号杀手”。

（13）无论你和谁结婚，其实都一样，因为最终你都会遇见你自己。

（14）记住约会的五个阶段。

（15）永远记住：男人来自火星，女人来自金星。

(16) 学会爱的五种语言。

(17) 无条件的爱是甘愿做，欢喜受。

(18) 懂得“LOVE”的真正含义：倾听、感恩、尊重、宽恕。

(19)“理解”是这个世界上最美的词语。

(20) 让家庭幸福是每一个中国人的民族责任与爱的意义。